초등 국어 교과서 집필진이 쓴

국어 백 점 맞춤법 일력

김대조 글 | 하민석 그림

주니어김영사

초등 국어 교과서 집필진이 쓴
국어 백 점 맞춤법 일력

1판 1쇄 인쇄 | 2024. 9. 23.
1판 1쇄 발행 | 2024. 10. 22.

김대조 글 | 하민석 그림

발행처 김영사 | **발행인** 박강휘
편집 김인애 | **디자인** 조수현 | **마케팅** 이철주 | **홍보** 조은우 육소연
등록번호 제 406-2003-036호 | **등록일자** 1979. 5. 17.
주소 경기도 파주시 문발로 197(우10881)
전화 마케팅부 031-955-3100 | 편집부 031-955-3113~20 | 팩스 031-955-3111

© 2024 김대조, 하민석
이 책의 저작권은 저자에게 있습니다. 저자와 출판사의 허락 없이 내용의 일부를 인용하거나 발췌하는 것을 금합니다.

값은 표지에 있습니다.
ISBN 979-11-94330-03-5 72710

좋은 독자가 좋은 책을 만듭니다. 김영사는 독자 여러분의 의견에 항상 귀 기울이고 있습니다.
전자우편 book@gimmyoung.com | 홈페이지 www.gimmyoung.com

맞춤법이 왜 중요할까요?

글을 읽거나 쓸 때 그 뜻을 바르게 이해하는 능력을 '문해력'이라고 해요. 문해력은 국어뿐만 아니라 수학, 과학, 사회 등 모든 과목을 제대로 공부하고 이해하는 데 꼭 필요한 능력이지요. 이렇게 중요한 문해력을 키우려면 어떻게 해야 할까요?

많은 선생님이 문해력의 기본은 올바른 맞춤법의 사용이라는 데에 동의할 거예요. 맞춤법을 모르면서 문해력을 깨치려고 하는 것은, 어떤 일을 할 때 가장 중요한 준비물을 빠트린 것이나 다름없어요.

맞춤법은 우리가 말하고 듣고 읽고 쓰는 언어적 행동을 할 때, 언어를 정확하고 올바르게 사용하도록 돕는 나침반 역할을 해요. 그러니 맞춤법을 제대로 알지 못하면 언어 생활도 바르게 할 수 없겠죠. 모든 사람이 '책'이라고 하는데 혼자서 '책상'이라고 한다면 의사소통 자체가 이루어지지 않을 테니까요.

언어 생활의 기초이며, 기본적인 도구인 맞춤법이 중요한 이유예요. 말과 글을 정확히 이해하고 원활하게 의사소통을 하고 싶다면 맞춤법을 소홀히 해서는 안 돼요.

저자 소개

김대조 선생님

초등학교에서 아이들을 가르치며 즐거운 나날을 보내고 있습니다. 초등국어교육을 전공하여, 2007년 개정부터 2009년, 2015년, 2022년 개정까지 초등학교 국어 교과서 집필 위원으로 일하고 있습니다. 2008년 <매일신문> 신춘 문예에 동화가 당선된 뒤로 작가로도 영역을 넓혀 활동하고 있습니다. 아이들의 마음을 움직이는 글, 아이들이 바르게 살아가는 데 도움이 되는 글을 쓰려고 노력 중입니다. 지은 책으로 《숨바꼭질》《우리 반 스파이》《아인슈타인 아저씨네 탐정 사무소》《귀신통 소리》《고민을 대신 전해드립니다》《돼지국밥과 슈퍼 슈프림피자》《플라스틱 좀비》《두근두근 1학년 처음 국어》《신기한 과학 사전》 등이 있습니다.

하민석 선생님

좋은 이야깃거리를 찾아 여기저기 기웃거리기도 하고, 이야기를 멋지게 표현하기 위해 혼자 공상하는 시간도 아끼지 않습니다. 애니메이션 <안녕, 전우치!>의 원작 만화 《안녕, 전우치!》와 《이상한 마을에 놀러 오세요!》《기동물기》 등 어린이와 닮은 만화를 여러 권 쓰고 그렸습니다.

맞춤법을 효과적으로 익히는 방법

맞춤법은 같은 언어를 사용하는 사람끼리 정한 약속이에요. 친구끼리도 약속을 지키지 않으면 친해지기 어렵듯이, 맞춤법도 제대로 지키지 않으면 다른 사람과 의사소통을 원활하게 할 수 없어요.

그런데 맞춤법은 아무리 잘해 보려고 해도 자꾸만 헷갈려요. 맞춤법을 잘 지키기 위해서는 그것을 온전히 내 것으로 만들어야 해요. 맞춤법을 어떻게 내 것으로 만드냐고요? 맞춤법은 머리로 이해하는 것도 중요하지만 그전에 몸에서 자동으로 나와야 해요. 가령, '가'를 쓸 때 'ㄱ' 다음에 'ㅏ'를 써야지라고 생각하지 않는 것처럼요. 그러기 위해서는 꾸준한 연습과 훈련이 필요합니다.

당연한 말이겠지만 맞춤법을 자연스럽게 익히려면 책을 많이 읽고, 글을 많이 써 봐야 해요. 헷갈리는 맞춤법이 있다면 올바른 표현이 무엇인지 그 표현이 어떤 상황에서 어떻게 쓰이는지 이해하고, 실제 언어 생활에도 활용한다면 더할 나위가 없겠지요. 《국어 백 점 맞춤법 일력》은 그런 여러분의 노력을 뒷받침할 거예요. 하루에 하나씩 알아가면서 맞춤법이 온전히 내 것이 되도록 함께 노력해 봐요!

올바른 낱말을 골라 동그라미 하세요.

1.  산타 할아버지에게 카드를 (부쳤다 / 붙였다).

12월 31일

2.  이렇게 추운 날에 (더우기 / 더욱이) 눈까지 내린다.

3.  (부스스 / 부시시)한 머리를 빗고 새해 해맞이를 떠났다.

《국어 백 점 맞춤법 일력》을 읽으면

　《국어 백 점 맞춤법 일력》에는 많은 사람이 가장 헷갈려하고 어려워하는 맞춤법 300여 개를 골라 담았어요. 생활 속에서 흔히 일어날 수 있는 상황을 예문으로 들어 맞춤법의 원리를 쉽게 이해하도록 설명하지요.

　달력을 넘기듯이 하루에 한 개씩 알아봐도 좋고, 궁금한 맞춤법을 찾아 골라 읽어도 좋아요. 한 번 보고 덮어 두지 말고, 책상이나 식탁 위에 두고 궁금할 때마다 찾아보세요. 원래 맞춤법은 한 번만 봐서는 절대 내 것이 되지 않으니까요. 이 책을 찬찬히 살펴보면 우리가 알아야 할 맞춤법이 정말 많다는 것을 알게 될 거예요.

　아무리 훌륭한 국어 전문가라도 맞춤법을 완벽하게 구사하기는 어려워요. 중요한 것은 헷갈리는 맞춤법이 있다면 스스로 찾아보는 관심이에요. 글을 쓰다가 맞춤법에 틀릴 것 같거나 자신이 없다면 바른 표현이 무엇인지 찾아보는 습관을 길러 보세요. 그렇게 습관이 몸에 익으면 국어 백 점이 그리 어려운 일은 아닐 거예요.

귤 껍질을 까면 방 안에 향기가 가득하다.

12월

30일

껍질 vs 껍데기

'껍질'은 딱딱하지 않은 물체의 겉을 싸고 있는 물질의 막, '껍데기'는 달걀이나 조개 같은 것의 겉을 싸고 있는 단단한 물질이에요. 그러니까 감자, 귤, 사과처럼 단단하지 않은 것은 '껍질'이라고 하고, 조개, 게, 달걀처럼 겉이 단단한 것은 '껍데기'라고 해야 맞아요.

★ 껍질 → 귤 껍질, 고구마 껍질 (딱딱하지 않은 것)
★ 껍데기 → 조개 껍데기, 달걀 껍데기 (단단한 것)

예문 조개 (**껍데기**)를 묶어 목걸이를 만들 거야.
스스로 사과 (**껍질**)을 깎아 먹을 수 있어.

이 책의 활용

❶ 가장 많이 쓰고 가장 많이 헷갈리는 맞춤법 300여 개를 간결한 문장으로 소개합니다.

❷ 그날의 맞춤법에 어울리는 그림으로 보는 즐거움을 더했습니다.

새해 해돋이를 보며 소원을 빌었다.

1월 1일

해돋이: '해돋이'는 읽을 때 [해도지]로 소리 나요. 우리말에는 앞말의 받침 'ㄷ, ㅌ' 뒤에 '-이'나 '-히'가 올 때, 'ㄷ, ㅌ'이 'ㅈ, ㅊ'으로 소리 나지만 쓸 때는 원래 형태로 쓴다는 규칙이 있어요. 그래서 [해도지]로 소리 나지만 쓸 때는 '해돋이'로 써야 해요.

예문: 새해 첫날 (**해돋이**)를 보러 온 사람이 많다.
산 정상에서 보는 (**해돋이**)는 정말 멋있다.

❸ 맞춤법의 원리와 규칙, 비슷한 예까지 쉽고 친절하게 설명합니다.

❹ 초등 국어 교과서 집필 경험으로 엄선한 예문을 담았습니다.

새해 소망을
곰곰이 생각해 보았다.

12월 **29일**

이리저리 헤아리며 깊이 생각하는 모양을 나타내는 말은 '곰곰이'가 맞아요. '-이'와 '-히'가 헷갈리는 말이 많은데, '곰곰이'는 발음이 [이]로만 소리 나기 때문에 '곰곰이'가 맞아요. '곰곰하다'는 없는 말이니 참고하세요.

★ 곰곰이 (○)
★ 곰곰히, 곰곰하다 (×)

예문

(**곰곰이**) 생각해 보니 난 정말 똑똑한 것 같다.
겨울방학 동안 뭘 할지 (**곰곰이**) 생각해 보자.

새해 해돋이를 보며
소원을 빌었다.

1월 **1일**

 해돋이

'해돋이'는 읽을 때 [해도지]로 소리 나요. 우리말에는 앞말의 받침 'ㄷ, ㅌ' 뒤에 '-이'나 '-히'가 올 때, 'ㄷ, ㅌ'이 'ㅈ, ㅊ'으로 소리 나지만 쓸 때는 원래 형태로 쓴다는 규칙이 있어요. 그래서 [해도지]로 소리 나지만 쓸 때는 '해돋이'로 써야 해요.

★ 해돋이[해도지] → 해돋이
★ 같이[가치] → 같이

 새해 첫날 (**해돋이**)를 보러 온 사람이 많다.
산 정상에서 보는 (**해돋이**)는 정말 멋있다.

자고 일어났더니 머리카락이 부스스했다.

12월  **28일**

부스스 머리카락이나 털 따위가 몹시 어지럽게 흐트러져 있는 모양, 눕거나 앉았다가 느리게 일어나는 모양 등을 뜻하는 말은 '부스스'가 맞아요. '부스스'보다 느낌이 센 말은 '푸시시'가 있고요. 하지만 '부시시'는 잘못된 표현이에요.

★ 부스스 < 푸시시 (○)
★ 부시시 (×)

 방학이라고 (**부스스**)하게 집에 틀어박혀 있지 마.
아기가 꼬무락거리며 (**부스스**) 일어났다.

새해에는 복을 빌며 만둣국을 먹는다.

1월 2일

만둣국

한자 '만두'와 순우리말 '국'을 합치면 [만두꾹]으로 소리 나요. 만두를 넣어 끓인 국이니까 '만두국'이 맞을 것 같지만, 한자어 + 순우리말 또는 순우리말 + 순우리말이 합쳐질 때 뒤의 말이 된소리로 나면 두 낱말 사이에 받침 'ㅅ(사이시옷)'을 넣어요.

★ 만두(한자어) + 국(순우리말) → 만둣국[만두꾹]
★ 고추(순우리말) + 가루(순우리말) → 고춧가루[고추까루]

겨울에는 따끈한 (만둣국)이 좋아.
할머니의 (만둣국)은 정말 맛있어.

빙판길에 넘어져 무르팍에 멍이 들었다.

12월 **27일**

무르팍

'무릎'은 다리 앞부분에 둥그스름하게 나온 관절을 말해요. '무르팍'은 무릎을 가리키는 말이에요. 무릎 때문에 '무릎팍'으로 잘못 쓸 수 있지만, 옳은 표현은 '무르팍'이에요. 빙판길에서는 '무릎' 또는 '무르팍'을 조심하세요.

★ 무릎, 무르팍 (○)
★ 무릎팍, 무루팍, 무릅학 (×)

예문

아기가 뛰어놀다가 (**무르팍**)이 까졌다.
공간이 좁아 마주 앉은 사람과 (**무르팍**)이 닿았다.

찬바람을 맞으면 감기 걸리기 **십상**이다.

어떤 일이 일어날 가능성이 크다는 뜻으로 쓰는 말은 '십상'이에요. 이것은 원래 '십상팔구(十 열 십, 常 항상 상, 八 여덟 팔, 九 아홉 구: 열 가운데 여덟이나 아홉이 그러하다.)'에서 나온 말이에요. '쉽상'이라고 쓰기 십상이지만, '쉽상'은 사전에 없는 말이에요.

★ 십상팔구 → 십상 (○)
★ 쉽상 (×)

노력하지 않으면 실패하기 (**십상**)이다.
방학이라고 늦게 자면 게을러지기 (**십상**)이다.

날씨도 춥고 **더욱이**
눈까지 내려 걷기 힘들었다.

12월 **26일**

더욱이

앞의 내용에 한층 더한 내용을 덧붙여 말할 때 쓰여 앞뒤 문장을 이어 주는 말은 '더욱이'가 맞아요. 예전에는 '더우기'가 표준어였지만, '더욱', '더욱이'처럼 원래 형태를 지켜 쓰는 것으로 바뀌었어요. 비슷한 경우로 '일찍/일찍이'도 있어요.

★ 더욱, 더욱이 / 일찍, 일찍이 (○)
★ 더우기 / 일찌기 (X)

예문 나이도 많고 (**더욱이**) 몸도 약해서 걱정이다.
내 친구는 공부도 잘하고 (**더욱이**) 착하기까지 하다.

동생에게 내 비밀을 **소곤소곤** 말해 주었다.

1월 4일

소곤소곤

남이 알아듣지 못하도록 작은 목소리로 자꾸 이야기한다는 뜻의 말은 '소곤소곤'이에요. 비슷한 말로 '수군수군'도 있어요. 하지만 '소근소근'이나 '수근수근'은 틀린 말이에요. 그러니까 이제부터 귓속말은 '소곤소곤' 말하세요.

★ 소곤소곤 / 수군수군 (○)
★ 소근소근 / 수근수근 (×)

 아기가 웃으며 엄마 귀에 (**소곤소곤**) 말했다.
친구들과 둘러앉아 (**수군수군**) 이야기를 나누었다.

산타 할아버지께 카드를 부치면 갈까?

12월　　**25일**

부치다 VS 붙이다

'부치다'는 편지나 물건 따위를 다른 사람에게 보낸다는 뜻이에요. '편지를 부치다.'처럼 써요. '붙이다'는 어떤 재료나 물체를 서로 떨어지지 않게 한다는 뜻이에요. '풀로 종이를 붙이다.'처럼요. 봉투를 풀로 붙여 편지를 부쳐 보세요.

★ 부치다 → 편지를 부치다. / 택배를 부치다.
★ 붙이다 → 풀로 붙이다. / 스티커를 붙이다.

예문
할머니께 새해 카드를 (**부쳐**) 드려야지.
봉투를 풀로 잘 (**붙여**) 우체통에 넣었다.

자고 일어나니 눈곱이 끼어 있었다.

1월 5일

 **눈곱**

자고 일어나면 눈가에 말라붙어 있는 것은 '눈곱'이에요. 눈곱은 '눈'과 '곱(진득진득한 액)'이 붙어서 만들어진 말인데, 읽을 때 [눈꼽]이라고 소리 나지만 쓸 때는 '눈곱'으로 써요. 아주 적거나 작은 것을 빗댈 때도 쓰이는 말이에요.

★ 눈 + 곱 → 눈곱[눈꼽] (○)
★ 눈꼽 (×)

 세수를 안 해서 눈에 (눈곱)이 끼어 있다.
나를 괴롭힌 친구는 (눈곱)만큼도 만나고 싶지 않다.

거리마다 크리스마스 캐럴이 울려 퍼졌다.

12월 **24일**

캐럴

크리스마스가 다가오면 여기저기에서 들려오는 노래가 있어요. 바로 '캐럴'이에요. '캐럴'은 크리스마스에 예수님의 탄생을 축하하며 부르는 노래예요. '캐롤'이라고도 많이 하지만 영어 'carol'을 우리말로 옮기면 '캐럴'이 된답니다.

★ 캐럴 (O)
★ 캐롤 (X)

 텔레비전에서 흥겨운 (캐럴)이 흘러나왔다.
크리스마스트리에 불을 켜고 함께 (캐럴)을 불렀다.

갑자기 강아지가 크게 **짖었다.**

1월 6일

짖다 vs 짓다

'짖다'와 '짓다'는 뜻이 다른 말이라서 구분해서 써요. '짖다'는 '개가 소리 내어 짖다.', '까치가 시끄럽게 짖다.' 등에 쓰여요. '짓다'는 '집을 짓다.', '약을 짓다.', '농사를 짓다.'처럼 쓰여요. 그러니까 '짖다'는 소리를 내는 경우에, '짓다'는 무언가를 만들어 낼 때 써요.

★ 짖다 → 시끄럽게 소리를 내다.
★ 짓다 → 재료를 들여 만들다.

예문 ▶ 강아지가 낯선 사람을 보고 크게 (짖었다).
집에 들어오니 밥 (짓는) 냄새가 풍겨 왔다.

빈칸에 들어갈 알맞은 말을 <보기>에서 골라 쓰세요.

보기 조리며, 발자욱, 드러냈다, 발자국, 들어냈다, 졸이며

12월 23일

1.  크리스마스트리를 창고에서 (　　　).

2.  마음을 (　　　) 소원을 빌었다.

3.  눈길 위에 (　　　)이 찍혔다.

다음 문장에서 밑줄 친 부분이 맞으면 O, 틀리면 X 하세요.

1월 7일

1.
새해 첫날, <u>해돋이</u>를 보러 동해에 갔다.

2.
추운 날 밖에 나가면 감기에 걸리기 <u>쉽상</u>이다.

3.
한밤중에 개 <u>짖는</u> 소리에 잠이 깼다.

정답: 1. O 2. X 3. X

동짓달은 밤이 아주 길다.

12월 22일

동짓달

매년 12월 21일 또는 22일은 일 년 중 밤이 가장 긴, '동지'예요. 보통 '동짓날'이 양력 12월에 있어서 '동짓달'을 12월로 착각하기 쉬운데, '동짓달'은 음력 11월이에요. 음력 12월은 '섣달', 음력 1월은 '정월'이라고 하지요. '동짓달'을 '동짇달'이라고 쓰면 안 돼요.

★ 동짓달 (O)
★ 동짇달 (X)

예문 창문 틈 사이로 (동짓달) 찬바람이 들어왔다.
동지섣달은 (동짓달)과 섣달을 함께 부르는 말이다.

갑자기 번개가 쳐서 깜짝 놀랐다.

1월 **8일**

놀라다 vs 놀래다

뜻밖의 일이나 무서움에 가슴이 두근거리다, 신기한 것을 보고 감동하다 등의 뜻으로 쓰이는 말은 '놀라다'예요. 문장에서는 놀라, 놀라서, 놀라니 등으로 모양이 바뀌어요. 이것과 뜻은 비슷한 '놀래다'는 다른 사람을 놀라게 하는 경우에만 써요.

★ 놀라다 → 스스로 느낌.
★ 놀래다 → 남을 놀라게 함.

얼음물이 너무 차가워 깜짝 (**놀랐다**).
몰래 살금살금 다가가 친구를 (**놀래**) 주었다.

하얀 눈길 위에 발자국이 찍혔다.

12월 21일

발자국

아무도 밟지 않은 하얀 눈길을 밟으며 발자국을 찍어 보았나요? 발로 밟은 자리에 남은 모양을 '발자국'이라고 해요. 그런데 노래나 시에서 '발자욱'으로 표현하는 경우가 있는데, 올바른 표기는 '발자국'이에요. 눈이 오면 발자국을 남겨 보세요.

★ 발자국 (O)
★ 발자욱 (X)

예문 우리나라 경남 고성에도 공룡 (발자국)이 남아 있다.
사냥꾼이 멧돼지의 (발자국)을 쫓아갔다.

열이 나는지 엄마가
내 이마를 **짚어** 보았다.

1월 9일

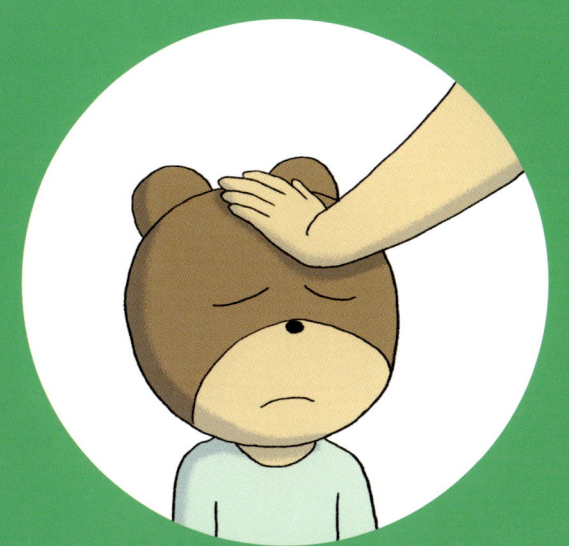

짚다 vs 집다

'짚다'와 '집다'는 소리가 같아서 헷갈리지만, 뜻이 달라요. '짚다'는 바닥이나 벽, 지팡이에 몸을 의지할 때나 손으로 이마나 머리를 가볍게 눌러 볼 때 써요. '집다'는 손가락이나 젓가락 등을 이용해 물건을 잡을 때 쓰는 말이에요.

★ 짚다 → 무엇에 몸을 의지하다.
★ 집다 → 손가락으로 물건을 잡다.

예문

넘어진 아이가 땅을 (**짚고**) 일어났다.
젓가락으로 반찬을 (**집었다**).

가족과 함께 돈가스를 먹으러 갔다.

12월 **20일**

 **돈가스**

돼지고기에 빵가루를 묻혀 기름에 튀겨 낸 음식은 '돈가스'예요. 돈가스는 일본에서 들어온 말이에요. '돈카스', '돈카츠'라고 쓰기도 하는데 '돈가스'가 맞아요. '포크커틀릿(pork cutlet)'도 맞는 표현이에요.

★ 돈가스, 포크커틀릿 (O)
★ 돈카스, 돈카츠, 돈까스, 돈까쓰 (X)

예문 집에서 만든 (**돈가스**)는 고기가 두툼해서 맛있어.
(**돈가스**)는 내가 제일 좋아하는 음식이야.

커튼 사이로 들어오는 햇살이 따뜻하다.

1월 10일

창이나 문에 다는 커다란 막을 '커텐' 또는 '커튼'이라고 하죠? 이 말은 영어 'curtain'을 우리말로 옮긴 것이에요. 이렇게 외국에서 들어온 말을 '외래어'라고 해요. 외래어도 '외래어 표기법'에 따라 써야 해요. 'curtain'의 정확한 표기는 '커튼'이에요.

★ 커튼 (O)
★ 커텐, 커테인, 카텐, 카텡 (X)

예문 ▶ 찬바람이 들어와서 (**커튼**)을 쳐야겠다.
추워도 (**커튼**)을 열고 환기 좀 하자.

김치는 푹 삭혀야 맛이 제대로 든다.

12월 19일

삭히다 vs 삭이다

'삭히다'는 김치나 젓갈 등의 음식물을 발효시켜 맛이 들게 한다는 뜻이에요. '삭이다'는 먹은 음식물을 소화시키다, 긴장이나 화를 풀어 마음을 가라앉히다 등의 뜻이 있어요. 그러니 김치는 삭혀야 하고, 화는 삭여야 해요.

★ 삭히다 → 김치를 삭히다. / 젓갈을 삭히다.
★ 삭이다 → 화를 삭이다. / 분노를 삭이다.

예문

김장 김치를 제대로 (**삭히려고**) 항아리에 묻어 두었다.
화난 마음을 잘 (**삭여야**) 정신이 건강해진다.

놀이터를 탐험하다가 보물을 **발견**했다.

1월 11일

발견 vs 발명

'발견'과 '발명'은 무언가를 찾아낸다는 뜻은 같은데 뭐가 다른지 헷갈릴 거예요. '발견'은 미처 찾지 못했거나 아직 알려지지 않은 것을 찾아냈다는 뜻이에요. '발명'은 지금까지 없던 기술이나 물건을 새로 생각하여 만들어 내는 것을 뜻해요.

★ 발견 → 원래 있었지만 몰랐던 것을 찾아냄.
★ 발명 → 세상에 없던 것을 새로 만들어 냄.

예문
땅속에서 고대 유물을 (**발견**)했다.
순간 이동 기능이 있는 운동화를 (**발명**)했다.

창고에 두었던 크리스마스트리를 **들어냈다.**

12월 **18일**

들어내다 vs 드러내다

'들어내다'는 물건을 들어서 밖으로 옮긴다는 뜻이에요. '드러내다'는 가려져 있거나 보이지 않던 것을 보이게 하다, 알려지지 않은 사실을 밝히다 등의 뜻이에요. 오래된 짐은 들어내야 하고, 속마음은 함부로 드러내면 안 되겠죠?

★ 들어내다 → 물건을 밖으로 옮기다.
★ 드러내다 → 보이게 하다. / 사실을 밝히다.

이사를 하려고 짐을 모두 (**들어냈다**).
이를 (**드러내고**) 활짝 웃는 아이가 예쁘다.

아빠가 구겨진 바지를 **다렸다.**

1월 **12일**

다리다 vs 달이다

바지는 '다려야' 할까요, '달여야' 할까요? 바지는 꼭 '다려야' 해요. '달이다'는 액체를 끓여서 진하게 우러나게 한다는 뜻이고요. 그러니까 옷은 '다리고', 차나 한약 같은 음식은 '달여야' 해요.

★ 다리다 → 바지를 다리다. / 손수건을 다리다.
★ 달이다 → 한약을 달이다. / 약초를 달이다.

예문

한약방에서 약을 (**달이는**) 냄새가 났다.
누나가 다리미로 교복을 (**다렸다**).

내년에도 친구와 같은 반이 되도록 마음 졸이며 기도했다.

12월 17일

졸이다 vs 조리다

'졸이다'는 찌개, 국 등의 물을 증발시켜 양이 적어지게 하다, 초조해하다 등의 뜻이 있어요. '조리다'는 양념한 고기나 생선 등을 바짝 끓여서 양념이 배어들게 한다는 뜻이에요. 가슴은 초조하게 졸이는 것이고, 두부는 간장에 조려야 해요.

★ 졸이다 → 국물을 졸이다. / 마음을 졸이다.
★ 조리다 → 두부를 조리다. / 생선을 조리다.

예문
양념장에 (**조린**) 갈치가 참 맛있다.
그렇게 마음 (**졸이며**) 불안해하지 마.

공부하라는 엄마의 등쌀에 겨울 방학이 즐겁지 않다.

1월 13일

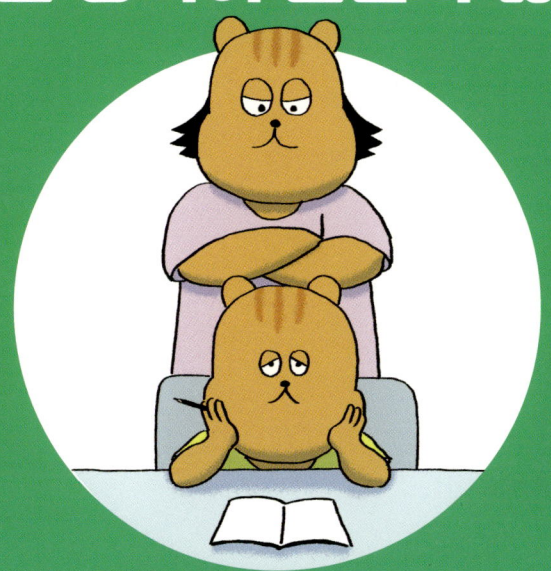

등쌀 vs 등살

누군가가 몹시 귀찮게 구는 짓을 '등쌀'이라고 해요. 근데 이 말을 '등살'로 잘못 쓰는 경우가 많아요. '등살'은 등에 있는 근육이나 살을 뜻해요. 엄마의 '등쌀' 때문에 괴로운 건 아니잖아요?

★ 등쌀 → 누군가가 몹시 귀찮게 구는 짓.
★ 등살 → 등에 붙은 살이나 근육.

 **예문**

자꾸 놀아 달라는 동생의 (등쌀)에 못 이겨 놀이터로 갔다.
운동을 하라는 친구의 (등쌀)에 추운 날씨에도 밖으로 나왔다.

빈칸에 들어갈 알맞은 말을 찾아 선으로 이으세요.

12월 16일

1. 아빠는 김치 ( )을 정말 좋아하신다.

   - 덮밥
   - 덥밥

2. 이 ( )을 읽으니 너무 감동적이야.

   - 구절
   - 귀절

3. 갈비탕이 맛있어서 ( )를 깨끗이 비웠다.

   - 뚝배기
   - 뚝빼기

정답 ① 덮밥 ② 구절 ③ 뚝배기

빈칸에 들어갈 알맞은 말을 찾아 선으로 이으세요.

1월 14일

1. 귀신이 나타난 줄 알고 깜짝 (   ).
   - 놀랐다
   - 놀랬다

2. 땅바닥을 (   ) 겨우 일어났다.
   - 집고
   - 짚고

3. 과학자가 되어 녹지 않는 눈을 (   ) 하고 싶어.
   - 발견
   - 발명

정답 ❶ 놀랐다 ❷ 짚고 ❸ 발명

슈퍼마켓에서 호빵을 사 먹었다.

12월 **15일**

슈퍼마켓

식료품, 일용 잡화 등의 가정용품을 판매하는 상점을 '슈퍼마켓'이라고 해요. 하지만 동네마다 '슈퍼마켓', '수퍼마켓', '슈퍼마켙' 등 간판이 다른 곳이 있어요. 영어 'supermarket'의 정확한 우리말 표기는 '슈퍼마켓'이에요.

★ 슈퍼마켓 (O)
★ 수퍼마켓, 수퍼마켙, 슈퍼마켙 (X)

예문
우리 동네에는 큰 (**슈퍼마켓**)이 있어.
엄마와 장을 보러 (**슈퍼마켓**)에 갔다.

잠결에 일어나다가 책상에 머리를 **받혔다.**

1월 15일

'받히다'와 '받치다'는 너무 헷갈리는 말이에요. '받히다'는 세게 부딪침을 당하는 상황을 나타내요. '자전거에 받혔다.'처럼 써요. '받치다'는 물건이 넘어지거나 떨어지지 않게 괸다는 뜻이에요. '기둥이 넘어지지 않게 받친다.'처럼 써요.

★ 받히다 → 무엇인가에게 세게 부딪힘을 당하다.
★ 받치다 → 물건이 넘어지거나 떨어지지 않게 괴다.

예문 길을 건널 때 자동차에 (**받혀**) 다치지 않게 조심해.
눈사람이 쓰러지지 않게 나무에 (**받쳐**) 두었다.

뚝배기에 청국장이 보글보글 끓는다.

12월  **14일**

뚝배기

추운 겨울에는 보글보글 끓는 찌개가 제격이죠? 찌개 따위를 끓이거나 설렁탕 등을 담을 때 쓰는 그릇을 '뚝배기'라고 해요. '뚝배기'는 [뚝빼기]처럼 된소리로 소리 나지만 원래의 형태를 살려 '뚝배기'로 써야 해요.

★ 뚝배기 (○)
★ 뚝빼기 (X)

(뚝배기)에 담긴 국밥이 먹음직스럽다.
아빠가 해 주신 (뚝배기) 달걀찜은 정말 맛있다.

설날 차례를 지내며 조상님께 음식을 **바친다.**

1월 16일

바치다 vs 받치다

'바치다'와 '받치다'도 무척 헷갈려요. '바치다'는 고스란히 쏟아붓다 또는 정중하게 드린다는 뜻이에요. '동물 연구에 평생을 바쳤다.'처럼 써요. '받치다'는 구멍 뚫린 물건 위에 국수나 야채 등을 올려 물기를 뺀다는 뜻이에요. '씻은 상추를 채반에 받쳐라.'처럼 써요.

★ 바치다 → 고스란히 쏟아붓다. / 정중하게 드리다.
★ 받치다 → 체와 같은 물건에 부어서 국물을 받아 내다.

심청이는 아버지를 위해 공양미 삼백 석을 (**바쳤다**).
삶은 국수를 체에 (**받쳐**) 물을 뺀다.

이 책에서 특히 이 구절이 인상 깊었다.

12월 **13일**

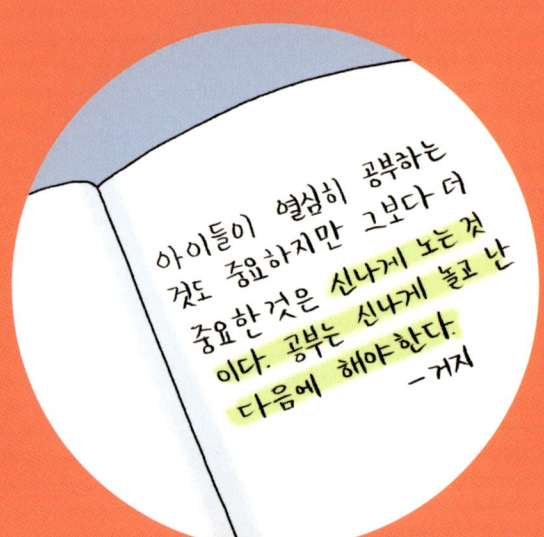

 **구절**

한 토막의 짧은 말이나 글을 '구절'이라고 해요. 이 말은 한자어인데 句(글귀 구), 節(마디 절), 글자 뜻대로 한 마디의 짧은 글을 나타내요. 그런데 '구(句)'를 '귀'로 읽어 '귀절'이라고 하는 경우가 많은데, 표준어는 '구절'이에요.

★ 구절 (○)
★ 귀절 (X)

예문
영화 대사에서 기억에 남는 (**구절**)이 있니?
할머니는 나에게 노래를 한 (**구절**) 불러 보라고 하셨다.

매콤한 떡볶이가 정말 맛있다.

1월 17일

떡뽀끼, 떡볶기, 떡뿌이, 떡복끼…… 가끔 분식점에서 이런 메뉴를 본 적 있나요? 떠오르는 음식은 한 가지인데 이름이 여러 개면 안 되겠죠. 가래떡에 여러 가지 채소를 넣고 매콤하게 양념한 음식은 '떡볶이'예요. 즐겨 먹는 만큼 이름도 정확히 써 주세요.

★ 떡볶이 (O)
★ 떡뽀끼, 떡볶기, 떡뿌이, 떡복끼 (X)

예문 ▶ 나는 매운 (떡볶이)도 잘 먹어.
매콤한 (떡볶이) 한 접시면 추위도 이길 수 있어.

용돈을 벌써 다 써서 빈털터리가 되었다.

12월 **12일**

빈털터리 본래부터 가진 재산이 없는 사람, 또는 재산을 다 없애고 가난뱅이가 된 사람을 '빈털터리'라고 해요. 주머니나 지갑에 있던 돈을 다 털어 내고 비었다는 뜻이에요. '빈털털이'는 바른 표기가 아니니 '빈털터리'로 써야 해요.

★ 빈털터리 (O)
★ 빈털털이 (X)

예문 도박에 빠지면 언젠가는 (빈털터리)가 될 것이다.
할아버지는 (빈털터리)였지만 열심히 일해서 큰 재산을 모으셨다.

할머니는 많이 먹으라며 **굳이** 밥을 더 퍼 주셨다.

1월 18일

굳이

'굳이'는 단단한 마음으로 또는 고집스럽게라는 뜻이에요. 어떤 일을 불필요하게 더 할 때나, 필요 이상의 노력을 기울이는 것을 지적하는 표현으로 쓰여요. '궂이'로 잘못 쓰는 경우가 있는데, '굳이'로 써야 해요.

★ 굳이 (○)
★ 궂이, 긎이, 구지 (X)

 **예문**

안 해도 될 일을 (굳이) 할 필요는 없어.
아빠는 몸이 아파 쉬어야 하는데 (굳이) 일을 하신다.

급식에 나온 불고기 **덮밥**이 정말 맛있다.

12월 **11일**

 반찬이 될 만한 요리를 밥 위에 얹어 먹는 음식을 '덮밥'이라고 해요. 이 말은 '덮다'와 '밥'이 합해져서 말 그대로 '무엇을 덮은 밥'이에요. 읽을 때 [덥빱]으로 소리 나서 '덥밥'으로 잘못 쓰는 경우가 있으니 조심해야 해요.

★ 덮다 + 밥 → 덮밥 (O)
★ 덥밥 (X)

 엄마는 매콤한 오징어(**덮밥**)을 좋아한다.
오늘은 내가 참치(**덮밥**) 만들기에 도전할 거야.

시골 할머니 댁에 가면 아궁이에 불을 땐다.

1월 19일

때다 vs 떼다

추운 겨울에는 따뜻한 방바닥이 좋아요. 아궁이의 불은 '떼는' 게 아니라 '때야' 해요. '때다'는 불을 지핀다는 뜻이고, '떼다'는 붙어 있는 것을 떨어지게 한다는 뜻이에요. 그러니까 아궁이에 불은 때야 하는 것이고, 문 앞에 붙은 광고지는 떼야 해요.

★ 때다 → 불을 지피다.
★ 떼다 → 붙어 있는 것을 떨어지게 하다.

예문
불을 많이 (때서) 방바닥이 뜨끈하다.
뺨에 붙은 밥알을 (떼어) 먹었다.

오빠는 뭐가 불만인지 계속 **구시렁대고** 있다.

12월 **10일**

구시렁 대다

못마땅하여 잔소리나 군소리를 자꾸 되풀이하다, 또는 혼잣말처럼 작은 소리로 자꾸 말을 되풀이한다는 뜻으로 '구시렁대다'가 있어요. 흔히 사람들이 '궁시렁댄다'라고 하는데 표준어는 '구시렁대다' 또는 '구시렁거리다'가 맞아요.

★ 구시렁대다, 구시렁거리다 (○)
★ 궁시렁대다, 궁시렁거리다, 군지렁대다 (X)

예문

옆에서 누가 자꾸 (**구시렁대면**) 짜증이 난다.
동생이 나한테 삐져서 자꾸만 (**구시렁거리고**) 있다.

여러 가지 나물을 섞어 비빔밥을 해 먹었다.

1월 20일

섞다 vs 썩다

비빔밥에 나물은 '섞어' 먹어야지, '썩어' 먹으면 안 돼요. '섞다'는 두 가지 이상의 것을 합친다는 뜻이고, '썩다'는 악취가 나거나 상했다는 뜻이에요. 여러 가지 빵을 섞어서 싸게 파는 건 좋지만, 썩어서 싸게 파는 건 안 되겠죠?

★ 섞다 → 두 가지 이상을 합치다.
★ 썩다 → 악취가 나거나 상하다.

예문
우유와 코코아를 (**섞어**) 마시면 맛있다.
과일을 냉장고에 넣어 두지 않아 (**썩었다**).

다음 문장에서 밑줄 친 부분이 맞으면 O, 틀리면 X 하세요.

1. 훌륭한 전통은 후대에 대물림하여 전해져야 한다.

12월

9일

2. 온가족이 함께 김치를 담갔다.

3. 반찬으로 소세지를 맛있게 먹었다.

정답 ❶ O ❷ O ❸ X

빈칸에 들어갈 알맞은 말을 <보기>에서 골라 쓰세요.

보기: 받혀서, 썩어, 받쳐, 굿이, 바쳐서, 섞어, 굳이

1.  머리를 책상에 (　　) 아프다.

2.  배 부르면 (　　) 더 먹지 않아도 된다.

3.  비빔밥은 잘 (　　) 먹어야 해.

휴일에는 느지막하게 아침을 먹는다.

12월 **8일**

느지막하다

시간이나 기한이 정해진 때보다 꽤 늦은 감이 있다는 뜻으로 '느지막하다'란 말이 있어요. 휴일에는 여유 있게 일어나 느지막하게 아침을 먹곤 하죠. '느즈막하다'라고도 말하지만, 더 널리 쓰이는 '느지막하다'만 표준어로 삼아요.

★ 느지막하다 (O)
★ 느즈막하다 (X)

예문 친구들과 놀다가 (**느지막하게**) 집으로 왔다.
아직 준비가 덜 됐으니 (**느지막하게**) 오세요.

아직 겨울인데 희한하게 날씨가 따뜻하다.

1월 22일

희한하다

'희한하다'를 발음할 때 [한]이 [안]으로 소리 나는 것 같아서 '희안하다'로 잘못 쓰는 경우가 있어요. 정확한 발음은 [히한하다]예요. '희한(稀 드물 희, 罕 드물 한)'은 드물고 드물다, 즉 무엇이 흔하지 않거나 이상하도록 놀랍다는 뜻이에요.

★ 희한하다 (○)
★ 희안하다 (X)

예문

어젯밤에 정말 (**희한한**) 꿈을 꾸었어.
(**희한**)하게도 오늘은 공부가 무척 하고 싶어.

나는 소시지 반찬을 좋아한다.

12월 **7일**

 **소시지**

으깨어 양념한 고기를 창자나 인공 막에 채워 만든 식품을 흔히 '소세지'라고 말해요. 하지만 영어 'sausage'를 외래어 표기법에 따라 우리말로 바르게 옮긴 것은 '소시지'예요. '소시지'는 가공 식품이니 너무 많이 먹지는 마세요.

★ 소시지 (O)
★ 소세지 (X)

예문 (소시지)에 케첩을 뿌려 먹으면 맛있어.
부대찌개에 (소시지)가 듬뿍 들어 있다.

장난감 가게에서 아이가 생떼를 부리며 울었다.

1월 23일

생떼

마트 장난감 코너에 가면 이것저것 사 달라고 땡깡을 부리는 아이들을 간혹 볼 수 있어요. 여러분도 그랬다고요? '땡깡'이라고 하는 말은 일본어에서 온 좋지 않은 표현이에요. 대신에 억지로 떼를 쓴다는 우리말 '생떼'를 쓰세요.

★ 생떼 (O)
★ 땡깡 (X)

예문

새로 산 내 장난감을 갖겠다며 동생이 (**생떼**)를 부렸다.
한겨울에 반바지를 입고 나가겠다고 (**생떼**)를 부린다.

갈비탕에 깍두기가 빠질 수는 없다.

12월 6일

깍두기

무를 작고 네모나게 썰어서 고춧가루 양념에 버무려 만든 김치는 '깎두기'가 아니라 '깍두기'예요. 읽을 때 [깍뚜기]로 소리 나서 '깍뚜기'로 쓰는 경우도 있지만, '깍두기'만 올바른 표현이에요. 무를 반듯하게 써는 것을 '깍둑썰기'라고도 해요.

★ 깍두기 (○)
★ 깎두기, 깍뚜기, 깎뚜기 (X)

예문 잘 익은 (깍두기)에 따뜻한 밥 한 공기.
새콤한 (깍두기)가 맛있어.

옆구리 터진 토끼 인형을 할머니가 **꿰매** 주셨다.

1월 **24일**

꿰매다

옆구리 터진 토끼 인형은 '꼬매야' 할까요, '꿰매야' 할까요? 정답은 '꿰매야' 해요. '꿰매다'는 터지거나 뚫어진 것을 바늘로 깁는다는 뜻이에요. '꼬매다'는 일부 지역에서 쓰는 방언(사투리)으로 표준어로 인정되지는 않아요.

★ 꿰매다 (O)
★ 꼬매다, 꼬메다, 꿰메다 (X)

예문
아빠가 어렸을 때는 구멍 난 양말을 (**꿰매**) 신었다고 한다.
할머니는 해어진 솜이불을 (**꿰매**) 쓰셨다.

온 가족이 함께 김치를 담갔다.

12월　**5일**

담그다

'김치를 ○○○.', '젓갈을 ○○○.', '장을 ○○○.' 여기에 공통으로 들어갈 말은 '담그다'예요. 김치나 젓갈 등의 발효 음식 재료를 섞어 그릇에 넣는다는 뜻이에요. 담가, 담그고, 담그니, 담갔다 등으로 활용해요. 흔히 잘못 쓰는 '담구다'는 방언(사투리)이에요.

★ 담그다, 담가, 담그니, 담그고 (○)
★ 담구다, 담궈, 담궜다 (X)

 **예문**

할머니께서 (담가) 주신 된장이 맛있어.
유월(6월)에 잡은 새우로 (담근) 젓갈을 육젓이라고 한다.

방학이라도 밤을 새워 게임을 하면 안 된다.

1월 25일

새우다 vs 세우다

'새우다'와 '세우다'는 읽을 때 소리가 비슷하지만 뜻은 달라요. '새우다'는 내내 한숨도 자지 않는다는 뜻이에요. '세우다'는 무언가를 곧게 펴거나 일어서게 하다, 멈추게 한다는 뜻이 있어요. 허리는 꼿꼿하게 세워 앉고, 밤은 새우지 마세요.

★ 새우다 → 밤을 새우다.
★ 세우다 → 기둥을 세우다.

밀린 방학 숙제를 다 하려면 밤을 꼬박 (**새워도**) 모자란다.
방 청소를 했더니 아빠가 엄지를 (**세우며**) 칭찬해 주셨다.

이 식당은 대물림하며 이어 온 집이다.

12월 4일

대물림

사물이나 직업 등을 후손에게 남겨 주어 자손이 그것을 이어 나가는 것을 '대물림'이라고 해요. 시대 또는 세대를 뜻하는 한자 '代(시대 대)'에 '물림'이 붙어 시대를 이어 물려준다는 뜻이에요. '되물림'이라고 쓰면 틀려요.

★ 대 + 물림 → 대물림 (○)
★ 되물림 (X)

이 도자기는 우리 집안 대대로 (대물림)된 보물이다.
아버지가 쓰던 물건을 (대물림)해서 아들이 쓰고 있다.

설날을 맞아 시골 **큰집**에 다녀왔다.

1월 26일

큰집 vs 큰 집

같은 글자지만 띄어쓰기 하나에 뜻이 달라지기도 해요. '큰집'은 집안의 맏이가 사는 집, 그러니까 할아버지, 할머니나 큰아버지가 사는 집을 뜻해요. '큰 집'은 글자의 원래 뜻대로 크기가 큰 집이에요. 누구네 집이 '큰집'인지 '큰 집'인지 잘 구별해서 쓰세요.

★ 큰집 → 집안의 맏이가 사는 집.
★ 큰 집 → 규모가 큰 집.

 **예문**

(큰집)에 가면 할머니가 늘 따뜻하게 반겨 주신다.
우리도 마당이 넓은 (큰 집)으로 이사 가고 싶다.

배추를 소금물에 **절여** 김장 준비를 했다.

12월 **3일**

절이다 vs 저리다

'절이다'는 채소나 생선 따위를 소금, 설탕, 식초 등에 담가 간이 배어 들게 한다는 뜻이에요. '저리다'는 몸이 눌려 피가 잘 통하지 않아 감각이 둔하거나 몸이 쑤시듯이 아프다는 뜻이에요. 그러니 배추는 절이고, 다리는 저리겠죠?

★ 절이다 → 채소나 생선을 소금, 설탕, 식초 등에 담그다.
★ 저리다 → 몸의 일부가 둔하거나 아프다.

소금에 (**절여**) 둔 고등어구이가 맛있다.
쪼그려 앉아 있었더니 다리가 (**저렸다**).

오늘은 강추위가 몰아쳐서 집 안에서 놀았다.

1월 27일

집 안 vs 집안

'집 안'과 '집안' 역시 띄어쓰기로 뜻이 달라져요. 띄어 쓴 '집 안'은 낱말 뜻 그대로 집의 안을 뜻해요. 붙여 쓴 '집안'은 가족이나 일가친척을 이루는 공동체를 뜻해요. '집 안 어른'이라고 하면 집 안에 계시는 어른을 말하고, '집안 어른'이라고 하면 친척 어른을 말해요.

★ 집 안 → 집의 안.
★ 집안 → 가족이나 일가친척을 이루는 공동체.

새로 이사 온 (**집 안**)이 넓구나.
우리 (**집안**)에는 대대로 잘생긴 사람이 많아.

올바른 낱말을 골라 동그라미 하세요.

1월 28일

1.
(희안하게 / 희한하게) 눈사람이 자꾸 녹는다.

2.
이불 속에 누워만 있지 말고 몸을 (새워 / 세워) 봐라.

3.
(큰집 / 큰 집)에 가서 할아버지께 세배를 해야지.

보글보글 끓는
닭볶음탕이 맛있어 보인다.

12월

1일

닭볶음탕

닭고기에 양념과 감자, 당근을 넣고 끓인 음식을 흔히 '닭도리탕'이라고 해요. 이 말은 틀린 말이에요. '도리'는 일본어로 '새'라는 뜻이에요. 우리말로 옮기면 '닭새탕'이 되는 셈이니까요. 올바른 우리말 표현은 '닭볶음탕'이에요. '닭볶음탕' 맛있게 드세요.

★ 닭볶음탕 (O)
★ 닭도리탕 (X)

예문

(닭볶음탕) 국물에 밥을 비벼 먹으면 맛있어.
우리 가족은 (닭볶음탕)을 좋아해.

라면은 **젓가락**으로 후루룩 먹어야 맛있다.

1월 29일

젓가락

'젓가락'은 한자 '箸(젓가락 저)'에 순우리말 '가락'이 붙은 말이에요. '저 + 가락'은 읽을 때 [저까락]으로 소리 나는데, 국어에는 한자와 순우리말이 합쳐질 때 된소리가 나면 받침 'ㅅ'을 더해 주는 규칙이 있어요. 이때 'ㅅ'을 '사이시옷'이라고 해요.

★ 저(箸) + 가락(순우리말) → 젓가락[저까락]

예문

(**젓가락**)질을 잘 못해도 밥은 잘 먹을 수 있어요.
나무(**젓가락**)으로 콩 집어 옮기기 놀이를 했다.

딸기잼이 듬뿍 든 **도넛**이 먹고 싶다.

11월 **30일**

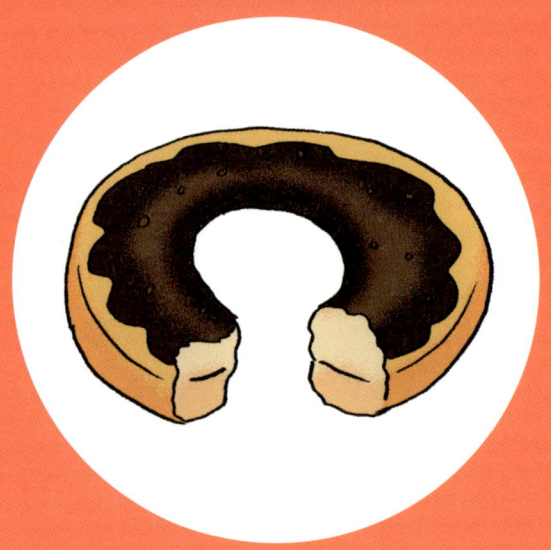

 도넛

밀가루 반죽을 기름에 튀겨 초콜릿이나 설탕 등을 발라 먹는 빵은 '도너츠'가 아니라 '도넛'이에요. 영어 'doughnut'을 우리말로 옮긴 것은 '도넛'이에요. '도너츠', '도나쓰' 등으로 쓰기도 하지만 올바른 표현이 아니에요.

★ 도넛 (O)
★ 도너츠, 도나쓰 (X)

예문 달콤한 (도넛)에 따뜻한 우유 한 잔 먹으면 좋겠다.
아빠가 맛있는 (도넛)을 사 오셨다.

따뜻한 국물을 숟가락으로 떠먹었다.

1월 30일

숟가락

젓가락의 받침이 'ㅅ'이라서 숟가락을 '숫가락'으로 잘못 쓸 수 있어요. '숟가락'은 '밥 한 술' 할 때 '술'과 '가락'이 합쳐진 말이에요. '술 + 가락'이 발음하기 어려워 '숟가락'으로 바뀌어 굳어진 거예요. 젓가락을 닮은 'ㅅ'이라면, 숟가락을 닮은 'ㄷ'이에요.

★ 술 + 가락 → 숟가락[수까락]

예문

(숟가락)으로 밥을 듬뿍 떠서 먹었다.
국이 싱거워 간장을 한 (숟가락) 넣어 먹었다.

나쁜 소문을 **떠벌리고** 다니는 친구는 나쁘다.

11월 **29일**

떠벌리다 vs 떠벌이다

'떠벌리다' 주로 말을 함부로 퍼트리는 사람에게 하는 말이에요. '떠벌이다'는 일을 큰 규모로 차린다는 뜻이에요. 아무 말이나 '떠벌리는' 것도 문제지만, 하지도 못할 일을 '떠벌여도' 안 되겠죠.

★ 떠벌리다 → 이야기를 함부로 과장하여 늘어놓다.
★ 떠벌이다 → 어떤 일을 너무 큰 규모로 차리다.

예문
남의 말을 함부로 (**떠벌리고**) 다니면 안 돼.
그 친구는 일을 (**떠벌이기**)만 하고 마무리하지 못해.

겨울 방학이 끝나기 전에
시계를 거꾸로 돌리고 싶다.

1월　　　　　　　　　　　　　　　　**31일**

차례나 방향이 반대로 바뀐다는 뜻의 낱말은 '거꾸로'가 맞아요. 철봉에 거꾸로 매달리고, 신발을 거꾸로 신기도 하죠. '거꾸로'보다 느낌이 작은 말은 '가꾸로', 더 센 말은 '까꾸로'예요. 하지만 '꺼꾸로'는 표준어가 아니에요.

★ 가꾸로(작은 말) < 거꾸로(큰 말) < 까꾸로(센 말) (○)
★ 꺼꾸로 (X)

나는 책을 (**거꾸로**) 들고 보는 신기한 능력이 있지.
일요일은 (**거꾸로**) 읽어도 일요일.

널빤지 두 장 정도는 간단히 격파할 수 있다.

11월

28일

널빤지

판판하고 넓은 나뭇조각은 '널빤지'일까요, '널판지'일까요? '널판지'라고도 많이 사용하지만, '널빤지'가 정확한 표현이에요. '널빤지'와 비슷한 말로 '판자' 또는 '널판자'가 있는데, 다 맞는 표현이에요.

★ 널빤지, 판자, 나무판자, 널판, 널판자 (O)
★ 널판지 (X)

예문

시골 할아버지 댁에서 (**널빤지**)로 강아지 집을 만들었다.
목공예 교실에서 (**널빤지**)를 톱으로 잘라 보았다.

소원을 빌고 생일 케이크의 촛불을 껐다.

2월 1일

'케이크'가 생일 상에 빠져서는 안 되죠. 그런데 '케익', '케익', '케이크' 뭐가 맞을까요? 사람들은 흔히 '케익'이라고 하지만, 올바른 표현은 '케이크(cake)'예요. 외래어도 규칙에 맞게 적도록 노력해 봐요.

★ 케이크 (○)
★ 케익, 케익 (X)

딸기 (케이크)가 정말 맛있어.
(케이크)에 촛불을 붙이고 축하 노래를 불렀다.

우리 반 반장으로서 봉사를 열심히 한다.

11월 27일

로서 vs 로써

'로서'는 주로 직업, 신분, 역할, 자격 등을 나타내는 말에 붙어 쓰여요. '선생님으로서', '학생으로서'처럼요. '로써'는 어떤 일의 수단, 방법, 재료, 도구 등을 나타내는 말에 붙어 쓰여요. '대화로써', '수단으로써'처럼 써요.

★ 로서 → 선생님으로서, 사장으로서 (신분, 자격, 역할)
★ 로써 → 도구로써, 방법으로써 (수단, 방법, 재료)

아빠는 경찰관으(**로서**) 직업에 최선을 다하신다.
싸움이나 다툼은 대화(**로써**) 풀어야 한다.

내 꿈은 소방관이에요.

2월 2일

-이에요 vs -예요

'-이에요'와 '-예요'는 문장 끝에서 어떤 사실을 설명할 때 써요. 그런데 이 둘은 문장에서 앞말에 따라 다르게 활용돼요. 앞말에 받침이 있으면 '-이에요'를, 앞말에 받침이 없으면 '-예요'를 붙여 써요. '-예요'는 '-이에요'가 줄어든 형태예요.

★ -이에요 → 학생이에요. / 공책이에요. (앞말에 받침이 있음)
★ -예요 → 사과예요. / 피아노예요. (앞말에 받침이 없음)

예문 ▶ 저것은 종이(**예요**).
이것은 연필(**이에요**).

보글보글 **된장찌개**에 밥을 비벼 먹고 싶다.

11월  **26일**

찌개
된장○○, 김치○○, 순두부○○. 빈칸에 공통으로 들어갈 말은 뭘까요? 고기, 채소 등을 넣고 양념하여 자작하게 끓인 음식, 바로 '찌개'예요. 그런데 '찌개'는 '찌게'와 발음이 비슷해서 헷갈리지만 '찌개'만 표준어고 '찌게'는 틀린 말이에요.

★ 찌개 (O)
★ 찌게 (X)

 엄마가 해 주신 김치(찌개)는 정말 최고야!
이 식당은 3대째 이어 온 순두부(찌개) 맛집이지.

밖에서 돌아오면
손을 깨끗이 씻어야 한다.

2월 3일

깨끗이

손은 '깨끗이' 씻어야 할까요, '깨끗히' 씻어야 할까요? 상태가 더럽지 않고 말끔하다는 뜻의 '깨끗하다'가 변한 말은 '깨끗이'가 맞아요. 읽을 때도 [깨끄치]가 아니라 [깨끄시]로 읽어야 하고요. 앞으로는 손도 깨끗이 씻고, 이도 깨끗이 닦으세요.

★ 깨끗이 (○)
★ 깨끗히 (X)

예문

추운 겨울이라도 몸은 (깨끗이) 씻어야지.
자기 방은 스스로 (깨끗이) 청소하자.

바른 말을 찾아 길을 따라가 보세요.

쌀쌀하지만 맑게 갠 날씨가 참 좋다.

11월 24일

개다

'날씨가 개였다.', '모처럼 비 개인 하늘이다.' 이 두 문장은 잘못된 표현이에요. 흐리거나 궂은 날씨가 맑아지다, 우울한 마음이 개운해지다를 나타내는 말은 '개다'예요. '날씨가 갰다.', '우울한 기분이 갰어.'라고 써야 해요.

★ 개, 개어, 개니, 개었다 (O)
★ 개여, 개인, 개였다 (X)

예문

어제까지 그렇게 비가 오더니 오늘은 거짓말처럼 (개었다).
파랗게 (갠) 가을 하늘이 눈앞에 펼쳐졌다.

이렇게 쉬운 문제를 틀리다니 **어이없다.**

2월 **5일**

어이없다

너무 뜻밖이거나 한심해서 기가 막힌다는 뜻으로 쓰는 말은 '어이없다'가 맞아요. '어의없다'라고 쓰는 경우가 많은데 잘못 쓴 것이에요. '어의없다'라고 쓰는 어이없는 실수를 하지 마세요. 비슷한 상황에서 '어처구니없다'라고도 해요.

★ 어이없다 = 어처구니없다 (O)
★ 어의없다 (X)

 예문

(어이)없게도 내가 동생의 거짓말에 속아 넘어갔다.
(어이)없는 표정 짓지 마.

거리에 수북이 쌓인 낙엽이 **골칫거리**가 되었다.

11월 **23일**

골칫거리

'골치'는 머리를 속되게 가리키는 말이고, '-거리'는 앞의 명사에 붙어 무엇의 재료를 뜻하는 말이에요. 이 둘을 합하면 머리가 아플 만큼 싫은 일, '골칫거리'가 돼요. 흔히 '골치꺼리'라고 쓰기도 하지만, '골칫거리'라고 쓰고 [골치꺼리]라고 읽어야 해요.

★ 골치 + 거리 → 골칫거리[골치꺼리] (O)
★ 골치꺼리 (X)

 미세 먼지는 정말 우리를 괴롭히는 (**골칫거리**)야.
오랫동안 (**골칫거리**)였던 일을 해결했어.

위층 아이가 이사 간 뒤로 집이 조용해졌다.

2월 6일

위층

설마 여러분이 시끄러운 '위층' 사람은 아니겠죠? 여러 층 가운데 위의 층을 뜻하는 말은 '위층'이에요. '위'와 '층'이 합쳐진 말로 '윗층'으로 잘못 쓰는 경우가 많은데, 두 말이 결합할 때 된소리(쌍자음)나 거센소리(ㅋ, ㅌ, ㅍ, ㅊ)가 있으면 '사이시옷'을 넣지 않아요.

★ 위 + 층 → 위층(뒷말에 거센소리(ㅊ)가 있어서 'ㅅ' 받침을 붙이지 않음)

예문

우리 집 (**위층**)에는 옥상이 있어.
(**위층**)에서 우당탕탕 소리가 들린다.

우리 교실에 낯선 아이가 왔다.

11월 **22일**

 낯선

'낯'은 얼굴이고 '설다'는 익숙하지 않다는 뜻이에요. 이 둘이 합쳐져 '낯설다'가 되면 무엇이 전에 본 기억이 없어 익숙하지 않다는 뜻이에요. 문장에서는 낯선, 낯서니 등 'ㄴ'과 만날 때는 'ㄹ 받침'이 탈락하여 형태가 바뀌어요.

★ 낯설어, 낯설고, 낯선, 낯서니 (O)
★ 낯설은, 낯설으니 (X)

예문 (낯선) 사람을 따라가면 안 돼.
갑자기 공부하겠다는 친구의 모습이 영 (낯설다).

아래층에는 우리 반 친구가 산다.

2월　　**7일**

아래층

위층과 마찬가지로 '아래층' 역시 '아래'와 '층'이 합쳐질 때 거센소리(ㅋ, ㅌ, ㅍ, ㅊ)가 있기 때문에 '사이시옷'을 넣지 않아요. 참고로 '아래쪽(위쪽)'도 된소리가 있으니 '아래쪽(위쪽)'이 맞아요.

★ 아래 + 층 → 아래층(뒷말에 거센소리(ㅊ)가 있어서 사이시옷을 넣지 않음)

예문

(아래층)으로 내려가는 계단이 어디지?
우리 교실 (아래층)에는 교무실이 있다.

그렇게 치고받고 싸우더니 그새 친해졌다.

11월 21일

치고받다

화나서 싸울 때는 '치고', '박고' 할 것 같은데 '치고박다'는 틀린 말이에요. 싸울 때는 때리기도(치고) 하고, 세게 밀어 부딪히기도(받고) 하니까 '치고받다'가 바른 표현이에요. 친구끼리는 치고받으며 싸우지 말고 친하게 지내야겠죠?

★ 치고받다 (O)
★ 치고박다 (X)

예문

(치고받고) 싸우면 결국 나만 손해야.
강아지 두 마리가 으르렁대며 (치고받고) 싸우려 했다.

강낭콩을 화분에 심었더니 싹이 났다.

2월 8일

강낭콩

예전에는 '강낭콩'을 중국 강남(江 강 강, 南 남쪽 남)에서 전해진 것이라 해서 '강남콩'이라고 했어요. 하지만 오랜 세월이 지나 사람들이 [강낭콩]이라고 읽으면서 표준어가 '강낭콩'으로 바뀌었어요. 이처럼 세월이 지나면서 맞춤법이 바뀌기도 한답니다.

★ 강낭콩 (O)
★ 강남콩 (X)

밥에 (**강낭콩**)을 넣어 먹으면 맛있다.
(**강낭콩**)에는 단백질이 많다.

91점이나 90점이나
도긴개긴이지.

11월 **20일**

도긴개긴

윷놀이에서 도나 개는 겨우 한 칸 차이예요. 그러니 누가 먼저 잡혀서 사라질지도 모르고요. 이처럼 조금 낫고, 못한 정도의 차이는 있으나 비슷비슷해서 견주어 볼 필요가 없다는 말은 '도긴개긴'이에요. '도찐개찐'은 틀린 말이에요.

★ 도긴개긴 (O)
★ 도찐개찐 (X)

예문
너나 나나 그림 실력은 (도긴개긴)이야.
(도긴개긴)끼리 다투지 말고 연습이나 하자.

학교 가는 길에 문방구에 들렀다가 간다.

2월 **9일**

들러 vs 들려

지나는 길에 잠깐 들어가 머무른다는 뜻의 낱말은 '들르다'예요. '들르다'는 문장에서 들러, 들러서, 들르고, 들르면 등으로 활용해요. '서점에 들렸다가 간다.'처럼 잘못 쓰는 경우가 있는데, '들려'는 소리가 들린다는 경우에만 써요.

★ (어디를) 들르다 → 들러, 들러서, 들르고, 들르면
★ (소리가) 들리다 → 들려, 들려서, 들리고, 들리면

예문 ▶ 서울에 가면 경복궁에 (들를) 거야.
시장에 갔다가 반찬 가게에 (들렀다).

지구 온난화로 과일 수확량이 해마다 줄고 있다.

11월 19일

-량 vs -양

명사 뒤에 붙어서 그 사물의 분량이나 수량을 뜻하는 말로 '-량 / -양'이 있어요. 이 둘은 앞에 오는 말에 따라 모양이 달라져요. 한자어 뒤에 붙을 때는 '-량'이 와요. 또 고유어나 외래어 뒤에 붙을 때는 '-양'이 와요. 잘 구별해 보세요.

★ -량(한자어 뒤) → 강수량, 작업량, 수확량
★ -양(고유어나 외래어 뒤) → 구름양, 칼로리양, 나트륨양

예문
전국적으로 비가 오고 (**강수량**)도 많겠습니다.
(**운동량**)은 높이고, (**나트륨양**)은 줄여야 해.

공부 시간에 갑자기 **방귀**가 나와서 부끄러웠다.

2월　　**10일**

 배에서 갑자기 뿡 하고 터져 나오는 소리. 냄새까지 나면 더 민망한 상황이 되고 마는 것의 정체는 '방구'일까요, '방귀'일까요? 표준어는 '방귀'가 맞아요. '방구'는 방언(사투리)이에요. 공식적인 글쓰기에는 표준어인 '방귀'로 쓰세요.

★ 방귀 (O)
★ 방구 (X)

 (방귀) 뀐 놈이 성낸다. ('잘못을 한 사람이 오히려 화를 낸다'는 뜻의 속담)
빠바방! 어디서 대포 소리 같은 (방귀) 소리가 났다.

올바른 낱말을 골라 동그라미 하세요.

11월 18일

1.  저 (탈렌트 / 탤런트)는 너무 멋있어.

2.  찬바람이 불면 (괜스레 / 괜시리) 쓸쓸해진다.

3.  버스가 오지 않아 (안절부절하며 / 안절부절못하며) 기다렸다.

병에 깔때기를 대고 조심히 물을 따랐다.

11월 **17일**

물이나 기름 등의 액체를 입구가 좁은 병에 옮길 때 그냥 부으면 쏟기 쉬워요. 이때 필요한 것이 바로 액체를 붓는 데 쓰는 나팔 모양의 기구인 '깔때기'예요. '깔때기'를 '깔대기', '깔따기' 등으로 쓰는 경우가 있으나 '깔때기'만 표준어예요.

★ 깔때기 (O)
★ 깔대기, 깔따기 (X)

기름통 입구에 (깔때기)를 놓고 기름을 부었다.
과학실에서 (깔때기)에 거름종이를 붙였다.

졸업식 날에는 역시
자장면 / 짜장면 을 먹어야지.

2월

12일

자장면 vs 짜장면

채소와 고기가 듬뿍 든 까무잡잡한 소스에 면을 비벼 먹는 음식은 '자장면'일까요, '짜장면'일까요? 메뉴판에도 이것저것 섞여 있는 이 말은 사실 둘 다 맞는 말이에요. 원래는 '자장면'이었는데, 많은 사람이 '짜장면'이라고 해서 둘 다 표준어로 인정되었어요.

★ 자장면 (O)
★ 짜장면 (O)

예문 내가 제일 좋아하는 음식은 (자장면 / 짜장면)이다.
(자장면 / 짜장면)을 먹을 때 단무지가 빠질 수 없지.

붕어빵 너덧 / 네댓 개쯤은 한꺼번에 먹을 수 있다.

너덧 vs 네댓

넷이나 다섯쯤 되는 수를 나타내는 말로 '너덧' 또는 '네댓'이 있어요. '너덧 사람', '네댓 개' 등으로 써요. 이 말을 잘못하여 '너댓'으로 쓰면 안 돼요. 한편, '네'는 단위를 세는 말 앞에서는 '넉 달', '넉 자'처럼 '넉'으로 써야 해요.

★ 너덧, 네댓 (○)
★ 너댓 (X)

쉬는 시간에 친구들 (**너덧**) 명이 둘러앉아 이야기를 나누었다.
보드게임은 (**네댓**) 명이 같이 할 수 있어.

11월 16일

난 짜장면 곱빼기도 먹을 수 있다.

2월 13일

음식의 두 그릇 양을 한 그릇에 담은 분량, 또는 같은 일을 두 번 거듭하는 것을 뜻하는 말은 '곱빼기'예요. 두 배라는 뜻의 '곱'과 어떤 특성이 있음을 나타내는 '-빼기'가 합해진 말이에요. 소리 나는 대로 적어 '곱빼기'가 맞는 표현이에요.

★ 곱 + -빼기 → 곱빼기 (○)

짜장면 (곱빼기) 한 그릇 주세요.
이번에도 잘못하면 엄마에게 잔소리를 (곱빼기)로 들어야 한다.

나를 보면 사람들이 탤런트 해도 되겠다고 말한다.

11월 **15일**

탤런트

영어 'talent'는 재주, 재능 있는 사람 등의 뜻이 있어요. 이 말을 우리말로 옮겨 쓰면 '탤런트'예요. 텔레비전 드라마에 출연하는 연기자를 뜻해요. 보통 '탈렌트'라고 많이 말하는데, 좀 더 영어 발음에 가까운 '탤런트'라고 해야 맞아요.

★ 탤런트 (O)
★ 탈렌트 (X)

예문
그는 연기력이 뛰어난 (탤런트)로 유명하다.
이 드라마에는 엄마가 좋아하는 (탤런트)가 나온다.

밸런타인데이에 초콜릿을 선물받았다.

2월 **14일**

밸런타인데이

로마 시대의 교황 발렌티누스가 순교한 2월 14일을 기념하는 날이에요. 이날에는 사랑하는 사람끼리 초콜릿이나 선물을 주고받는 풍습이 있어요. '발렌티누스'의 축일을 이르는 말이지만 정확한 표현은 '밸런타인데이'예요.

★ 밸런타인데이 (O)
★ 발렌타인데이 (X)

예문 (밸런타인데이)에 가까워지면 거리에서 초콜릿을 많이 판다.
(밸런타인데이)의 유래를 들으니 숙연해져.

약속 시간에 늦어서 안절부절못했다.

11월 14일

안절부절 못하다

마음이 불안하고 초조하여 어쩔 줄을 모르는 모양을 '안절부절'이라고 해요. 그런데 이 말을 문장에서 쓸 때 '안절부절하다'로 쓰면 안 돼요. 표준어 규정에서는 '안절부절못하다'가 훨씬 널리 쓰이므로 이 말만 표준어로 인정해요.

★ 안절부절못하다 (O)
★ 안절부절하다 (X)

예문
형은 시험 결과를 기다리며 (안절부절못했다).
거짓말이 들통날까 봐 (안절부절못하고) 서성였다.

솔직히 누가 더 예쁜지 말해 봐.

2월 **15일**

솔직히

'-이'나 '-히'로 끝나는 말 중에 헷갈리는 게 많아요. 한글 맞춤법에서는 읽을 때 [이]로만 소리 나면 '이'로 [이], [히]로 소리 나면 '히'로 적어요. '솔직히'는 [히]로 소리 나기 때문에 읽을 때는 [솔찌키], 쓸 때는 '솔직히'로 써요.

★ 솔직히[솔찌키] (O)
★ 솔직이 (X)

예문 (솔직히) 난 네가 참 좋아.
(솔직히) 말하면 너랑 같은 반이 되고 싶어.

할머니 댁의 수탉은 새벽마다 크게 운다.

11월 **13일**

수탉
동물의 수컷을 뜻하는 말 '수-'에 '닭'이 합해지면 닭의 수컷 즉, '수탉'이 돼요. '수닭', '숫닭' 등은 틀린 말이에요. '수-' 다음에 거센소리가 나기 때문에 '수탉'이라 쓰고 [수탁]으로 읽어요. 비슷하게 '수캉아지', '수퇘지', '수평아리' 등으로 써요.

★ 수 + 닭 → 수탉 (O)
★ 수닭, 숫닭 (X)

 **예문**
화가 난 (**수탉**)이 강아지를 쪼려고 했다.
(**수탉**) 우는 소리가 온 동네에 퍼졌다.

새해가 시작되고 **여태껏** 뭘 했는지 모르겠다.

2월 **16일**

여태껏
지금까지 이르도록이라는 뜻으로 '여지껏'이라고 많이 말해요. '여지껏 이것도 못 했니?'처럼 말이에요. 하지만 '여지껏'은 틀린 말이고, '여태껏'이 맞아요. '여태(지금까지)'와 '껏(뜻을 강조)'이 합해진 말인데 '이제껏', '지금껏' 등과 같은 뜻이에요.

★ 여태껏, 이제껏, 지금껏 (O)
★ 여지껏 (X)

지금이 몇 시인데 (**여태껏**) 누워 있으면 어떡해?
(**이제껏**) 도와줬는데 나를 속이다니.

찬바람이 불면
괜스레 눈물이 난다.

11월

12일

괜스럽다

아무 까닭이나 실속 없이 쓸모없는 데가 있다는 뜻의 형용사 '괜스럽다'가 있어요. '괜스레'는 바로 '괜스럽다'에서 온 말이에요. '괜시리'라고 말하는 사람이 많지만 '괜스레'가 맞아요. '괜스럽다'에서 온 '괜스레'를 기억하세요.

★ 괜스럽다 → 괜스레 (O)
★ 괜시리 (X)

예문

(괜스레) 자고 있는 동생을 깨우지 마라.
(괜스레) 싸움에 끼어들어 문제를 일으킨다.

공부 좀 잘한다고
으스대는 친구는 싫다.

2월 **17일**

으스대다

어울리지 않게 우쭐거리며 잘난 척하는 사람들에게 '으스댄다' 또는 '으시댄다'라고 말해요. 두 말 중에 맞는 표현은 '으스대다'예요. 둘 중 더 많은 사람이 사용하는 '으스대다'를 표준어로 정했기 때문이에요.

★ 으스대다 (O)
★ 으시대다 (X)

예문

나는 맞춤법을 많이 안다고 친구들에게 (**으스대지**) 않을 거야.
자기가 잘났다고 (**으스대는**) 꼴은 정말 보기 싫어.

빈칸에 들어갈 알맞은 말을 <보기>에서 골라 쓰세요.

보기: 나뭇잎, 아둥바둥, 우려먹어, 나무잎, 아등바등, 울궈먹어

1.  주변도 돌아보지 못하고 너무 (　　　) 살았던 게 후회돼.

2.  바람에 (　　　)이 떨어져 또르르 굴러갔다.

3.  지겹지도 않니? 이제 그만 (　　　).

정답: ❶ 아등바등 ❷ 나뭇잎 ❸ 우려먹어

11월 11일

다음 문장에서 밑줄 친 부분이 맞으면 O, 틀리면 X 하세요.

1.
솔직이 말해. 내가 더 예쁘다고!

2월 18일

2.
형은 언제나 짜장면을 곱빼기로 먹는다.

3.
쟤는 왜 저리 으스대고 다닐까?

정답: 1. X 2. O 3. O

이래라저래라 참견하는 친구는 싫다.

11월 10일

이래라 저래라

내가 무엇을 하려는데 다른 사람이 자꾸만 이렇게 해라, 저렇게 해라 하며 참견하면 너무 싫어요. 이런 상황을 '이래라저래라'라고 해요. '이래라저래라'는 한 낱말이라 붙여 써요. 간혹 '일해라절해라'라고 잘못 알고 있는 사람도 있어요.

★ 이리하여라 저리하여라 → 이래라저래라 (O)
★ 일해라절해라 (X)

예문

자기도 못 하면서 자꾸만 (**이래라저래라**) 참견을 한다.
알아서 할 테니 제발 (**이래라저래라**)하지 마세요.

새로 산 바지가 길어서 조금 **줄였다.**

2월 **19일**

줄이다 vs 주리다

'줄이다'는 물체의 길이나 넓이 등이 원래보다 작아지거나, 수나 양이 적어진다는 뜻이에요. 문장에서는 줄여, 줄이고, 줄이면 등으로 활용해요. 종종 '줄이다'와 헷갈리는 '주리다'는 음식을 제대로 먹지 못했다는 뜻이에요. 문장에서는 주린, 주려, 주리고 등으로 활용해요.

★ 줄이다 → 무엇이 작아지거나 적어짐.
★ 주리다 → 배고프거나 원하는 것을 얻지 못함.

예문 ▶ 용돈을 다 써서 지출을 (**줄여야**) 한다.
(**주린**) 고양이가 쥐를 만났다. ('기회를 만났다'는 뜻의 속담)

따뜻한 소파에 기대어 있으니 졸린다.

11월 **9일**

소파

넓은 등받이에 편안한 팔걸이까지, 거기다 푹신하고 넉넉한 자리. 누구나 여기에 앉아 있으면 몸이 편안해지는 의자는 '소파'예요. 영어 'sofa'를 우리말로 옮겨 '소파'가 됐어요. '쇼파'라고 말하는 사람도 있지만 틀린 표현이에요.

★ 소파 (O)
★ 쇼파 (X)

새로 산 (**소파**)가 정말 마음에 들어.
내가 어릴 때는 (**소파**)를 기어서 올라갔다.

정월 대보름에 할머니가 나물을 **무쳐** 주셨다.

2월 20일

무치다 vs 묻히다

'무치다'는 나물에 양념을 넣어 섞는다는 뜻이에요. 정월 대보름에는 오곡밥에 나물을 무쳐 먹는 풍습이 있어요. '묻히다'는 물건이 다른 것에 넣어져 보이지 않게 덮이다, 들러붙거나 흔적이 남게 하다 등의 뜻이 있어요.

★ 무치다 → 나물을 무치다.
★ 묻히다 → 땅속에 묻히다. / 물감을 묻히다.

예문

봄나물을 (**무쳐**) 먹으면 입맛이 돌아온다.
공사 현장에서 땅속에 (**묻혔던**) 보물이 발굴되었다.

TV 프로그램마다 같은 내용을 너무 **우려먹어** 재미없다.

11월 8일

우려먹다

멸치나 소뼈를 푹 끓이는 것을 '우리다'라고 해요. 음식을 우려서 먹는 것을 '우려먹다'라고 하고요. 그런데 뼈를 여러 번 우려 내듯이, 이미 썼던 내용을 다시 써먹는 것도 '우려먹다'라고 해요. 아무리 재미있어도 자꾸 우려먹으면 재미없겠죠?

★ 우려먹다 (O)
★ 울궈먹다 (X)

예문

똑같은 농담을 대체 몇 번이나 (**우려먹니**)?
찻잎을 여러 번 (**우려먹었다**).

친구를 만나려고 일부러 멀리 돌아왔다.

2월 **21일**

일부러

설마 일부러 맞춤법을 틀리고 싶은 사람은 없겠죠? '일부러'를 '일부로'라고 하는 경우가 많은데, 정확한 표현은 '일부러'예요. '일부러'는 특별히 마음을 먹고 또는 알면서도 마음을 숨기고라는 뜻이 있어요.

★ 일부러 (O)
★ 일부로 (X)

예문

뷔페에 가서 많이 먹으려고 (일부러) 아침부터 굶었지.
네 기분이 안 좋아 보여서 (일부러) 더 크게 웃었어.

가을이 깊어지자 하나둘 **나뭇잎**이 떨어진다.

11월 **7일**

나뭇잎

'나무'와 '잎'이 더해지면 읽을 때 [나문닙]으로 소리 나요. '나무'와 '잎'에는 없는 받침 'ㄴ' 소리가 덧붙어 나지요. 이런 경우에는 맞춤법 규정에서 '사이시옷'을 붙이도록 하고 있어요. 그래서 '나뭇잎'이 맞는 표현이에요.

★ 나무 + 잎 [나문닙] → 나뭇잎 (O)
★ 나무잎 (X)

예문 초록으로 짙었던 (**나뭇잎**)이 시들어 버렸다.
가로수에서 떨어진 (**나뭇잎**)이 거리를 덮었다.

미역국에 건더기가 푸짐하게 많다.

2월　**22일**

건더기

국을 먹을 때 건더기가 푸짐해야 맛이 있죠? '건더기'는 국이나 찌개 등의 음식에서 국물을 뺀 나머지 것을 뜻하는 낱말이에요. 흔히 '건데기' 또는 '건덕지'라고 쓰기도 하는데 모두 잘못된 표현이에요. 표준어는 '건더기'뿐이니 틀리지 마세요.

★ 건더기 (O)
★ 건데기, 건덕지, 껀데기, 껀더기 (X)

예문 일부러 많이 담았는데 (**건더기**)를 다 건져 내면 어떡해?
고기 (**건더기**)를 많이 주세요.

경찰이 도망가는
도둑을 **쫓아갔다.**

11월

6일

쫓다
vs
좇다

'쫓다'는 실제 눈에 보이는 어떤 대상을 잡거나 만나기 위해 뒤따르는 것을 뜻해요. '도둑을 쫓아라.'처럼 써요. '좇다'는 꿈, 이상, 행복, 생각 등과 같은 추상적인 목표를 이루기 위해 추구한다는 뜻이에요. '행복을 좇다.'처럼 써요.

★ 쫓다 → 도둑을 쫓다. / 강아지를 쫓다. (구체적인 것을 뒤따름)
★ 좇다 → 행복을 좇다. / 희망을 좇다. (추상적인 것을 추구)

예문
우리는 저마다의 꿈을 (**좇아**) 나아가야 한다.
고양이가 쥐를 (**쫓아**) 달려갔다.

핫도그에는 케첩을 듬뿍 뿌려야 맛있다.

2월 23일

케첩

빨간색의 새콤달콤한 맛이 입맛을 돋우는 토마토 '케첩'. 흔히 '케찹'이라고 말해요. 심지어 '토마토 케찹'이라고 쓴 상표도 있어요. 하지만 올바른 외래어 표기는 '케첩(ketchup)'이에요. 이제부터 핫도그를 먹을 때는 토마토 케첩을 뿌리세요.

★ 케첩 (○)
★ 케찹, 케찹, 캐찹, 캐첩 (X)

예문

감자튀김은 (케첩)을 푹 찍어 먹어야 맛있어.
입술에 묻은 (케첩)을 보고 피가 난 줄 알았어.

시험을 잘 치려고 아등바등 노력했다.

11월 5일

 아등바등

무언가를 이루기 위해 애쓰는 모양을 뜻하는 말은 '아등바등'일까요, '아둥바둥'일까요? 때로 '아둥바둥 일한다.'처럼 사용하지만, 올바른 맞춤법은 '아등바등'이에요. 열심히 사는 건 좋지만, 너무 아등바등 하지는 마세요.

★ 아등바등 (O)
★ 아둥바둥 (X)

예문 고양이가 나무 위로 (**아등바등**) 올라간다.
꿈을 이루려고 정말 (**아등바등**) 살았다.

노른자를 터트린 달걀프라이가 좋다.

2월 24일

프라이

음식을 기름에 지지거나 튀기는 일을 영어로 'fry'라고 해요. 이 말을 우리말로 옮겨 쓸 때 사람들이 종종 '달걀후라이'라고 해요. '달걀후라이', '후라이팬'처럼요. 하지만 정확하게는 '프라이'가 맞아요. 참고로 '달걀'은 우리말, '계란'은 한자어예요.

★ 프라이 (○)
★ 후라이 (X)

예문

누나는 달걀 (**프라이**)에 케첩을 뿌려 먹는다.
달걀 (**프라이**)는 완전히 익혀 주세요.

빈칸에 들어갈 알맞은 말을 찾아 선으로 이으세요.

11월 4일

1. ( )한 사건이 자꾸 일어난다.

2. 왜 그리 ( )하게 화가 났니?

3. 이것은 제가 한 게 ( ).

- 미스터리
- 미스테리
- 울그락불그락
- 붉으락푸르락
- 아니에요
- 아니예요

정답 ❶ 미스터리 ❷ 붉으락푸르락 ❸ 아니에요

빈칸에 들어갈 알맞은 말을 찾아 선으로 이으세요.

2월 25일

1. 텔레비전 소리를 ( ) 줘.

2. ( )한 건 아니지만 미안해.

3. ( )가 푸짐해서 참 맛있겠다.

- 주려
- 줄여
- 일부러
- 일부로
- 건더기
- 건데기

정답: ❶ 줄여 ❷ 일부러 ❸ 건더기

저는 더 이상 어린애가 아니에요.

11월 3일

아니에요

어떤 사실을 부정하는 뜻인 '아니다'에 높임을 표현하는 '-에요'가 붙어서 된 말은 '아니에요'예요. 말하거나 글로 쓸 때 '아니예요'라고 하는 경우도 많지만 잘못된 표현이에요.

★ 아니다 + 에요 → 아니에요 (○)
★ 아니예요 (X)

예문

이 금도끼는 제 것이 (**아니에요**).
지금 이렇게 놀고 있을 때가 (**아니에요**).

며칠만 지나면
새 학년에 올라간다.

2월 **26일**

며칠

'몇 년(몇 + 년)'이나 '몇 월(몇 + 월)'과 착각하여 잘못 쓰는 경우가 많은데, '며칠'은 '몇'과 '일'이 합해진 말이 아니라 그 자체가 원래 하나인 낱말이에요. 한글 맞춤법에도 '며칠'만 인정하며, '몇일'로 쓰는 경우는 없다는 것을 꼭 기억하세요.

★ 며칠 (○)
★ 몇일 (X)

 **예문**

(며칠)만 지나면 내 생일이야.
(며칠) 동안 열심히 공부했어.

엉큼한 속셈이 들켜서 부끄러웠다.

11월 2일

엉큼하다

엉뚱한 욕심이나 흉악한 마음을 품은 사람에게 '응큼하다'고 할까요, '엉큼하다'고 할까요? 정확한 표현은 '엉큼하다'예요. '엉큼하다'는 겉으로 보이는 것과 달리 엉뚱한 욕심을 품고 분수에 넘치는 태도가 있다는 뜻이에요. '앙큼하다'라고도 해요.

★ 엉큼하다, 앙큼하다 (O)
★ 응큼하다 (X)

착한 줄 알았더니 (**엉큼한**) 구석이 있었구나.
너의 그 (**엉큼한**) 속마음을 내가 모를 줄 아니?

새 학년 새 친구 생각에 설렘과 기대가 가득하다.

2월 27일

설렘

마음이 가라앉지 않고 들떠서 두근거린다는 뜻의 표준어는 '설레다'예요. '설렘'은 '설레다'에서 나온 말이에요. 그런데 흔히 잘못 알고 '설레임'이라 쓸 때가 많아요. 기본형이 '설레다'이므로 '설렘'이 바른 표현이에요.

★ 설렘, 설레다 (○)
★ 설레임, 설레이다 (X)

예문 새 학년으로 올라가는 건 (**설렘**) 반 걱정 반이야.
여행을 떠나기 전날 마음이 (**설렌다**).

날씨가 쌀쌀해졌으니 웃옷을 꼭 챙겨 입어라.

11월 1일

웃- vs 윗-

'웃-'과 '윗-'은 쓰임이 조금 달라요. '웃-'은 덧붙인다는 뜻이 있는데 위아래의 짝이 없는 경우에 써요. 위쪽을 뜻하는 '윗-'은 그 말과 짝이 되는 아래가 있는 경우에 써요. '웃옷'은 겹쳐 입는 겉옷을 말하고, '윗옷'은 위에 입는 상의를 말해요.

★ 웃- → 웃옷 / 웃어른 (위아래 짝이 없는 경우)
★ 윗- → 윗니-아랫니 / 윗사람-아랫사람 / 윗도리-아랫도리 (위아래 짝이 있는 경우)

예문 추운 날에는 두툼한 (**웃옷**)을 입어야 해.
합창단이 바지는 검은색, (**윗옷**)은 하얀색으로 맞추었어.

봄을 맞아 집 안팎을 깨끗이 청소했다.

2월 28일

 **안팎**

안과 밖이라는 뜻이라 자연스럽게 '안밖'으로 쓰는 경우가 있는데, 정확한 표현은 '안팎'이에요. '안'과 '밖'이 합쳐질 때 [안팍]으로 읽히는데, 소리 나는 대로 써서 '안팎'이 표준어가 되었답니다.

★ 학교 안팎을 청소했다. (사물이나 영역의 안과 밖)
★ 안팎이 다른 사람은 못 믿어. (마음속 생각과 드러나는 행동)
★ 옆집은 안팎으로 참 친절해. (남편과 아내)

예문
일제 강점기 때 우리나라는 (안팎)으로 어려움을 겪었다.
내 방 (안팎)을 구석구석 쓸고 닦았다.

화가 나서 얼굴이 붉으락푸르락했다.

10월 31일

몹시 화가 났을 때 얼굴이 붉어지고 열이 올랐던 경험이 있나요? 이런 상황을 보통 '울그락불그락하다' 또는 '붉으락푸르락하다'라고 하는데, 맞춤법에 맞는 표현은 '붉으락푸르락'이에요. 이제부터 '붉으락푸르락' 화내는 일이 없도록 해요.

★ 붉으락푸르락 (O)
★ 울그락불그락, 푸르락붉으락 (X)

예문
언니의 얼굴이 갑자기 (**붉으락푸르락**)해졌다.
아저씨가 (**붉으락푸르락**)하며 소리를 질렀다.

새싹이 해님을 보러 고개를 내민다.

3월 1일

해님

반짝 웃고 있는 해는 '해님'이 맞아요. '해님'은 '해'에 '님'이 붙은 말인데 '님'은 혼자 쓰이지 않고 다른 말에 붙어서 뜻을 더해 주는 말(접미사)이에요. 이렇게 접미사가 붙은 두 낱말 사이에는 '사이시옷'이 붙지 않아 '해님'으로 쓰고 [해님]으로 읽어요.

★ 해 + 님 → 해님 (○)
★ 햇님 (×)

예문

(해님)이 방긋 웃어요.
수평선 위로 (해님)이 솟아올랐다.

우리 반에 미스터리한 일이 벌어지고 있다.

10월  **30일**

미스터리

수수께끼와 비밀에 싸여 있어서 설명하기 힘든 이상한 사물이 나타나거나, 그런 사건이 일어나면 흔히 '미스터리'하다고 해요. 하지만 영어 'mystery'를 우리말로 옮긴 표현은 '미스터리'가 맞아요. 비슷한 말로 '신비', '불가사의'가 있어요.

★ 미스터리 (O)
★ 미스테리 (X)

피라미드는 여전히 (**미스터리**)에 싸여 있다.
이 책은 (**미스터리**)한 사건을 파헤쳐서 흥미진진하다.

개학 첫날, 등굣길이 설렌다.

3월 2일

등굣길

'등교길'을 읽으면 [등교낄]로 소리가 나요. 한자어인 '등교(登 오를 등, 校 학교 교)'와 고유어인 '길'이 합쳐지며 뒷말이 된소리(ㄲ)로 바뀌는데, 이런 경우에는 '사이시옷'을 넣어야 해요. 그래서 아침에는 '등굣길', 오후에는 '하굣길'로 써요.

★ 등교(한자어) + 길(고유어) → 등굣길[등교낄]
★ 하교(한자어) + 길(고유어) → 하굣길[하교낄]

예문
(등굣길)에 친구를 만났다.
(하굣길)에 도서관에 들렀다가 집으로 간다.

동생 뒤치다꺼리가 힘들다.

10월 29일

뒤치다꺼리

뒤에서 일을 처리하고 보살펴 준다는 뜻으로 쓰이는 말은 '뒤치다꺼리'가 맞아요. 남의 자잘한 일을 도와주는 것을 '치다꺼리'라고 하는데, 여기에 '뒤'가 붙어서 만들어진 말이에요. 부모님은 우리의 뒤치다꺼리를 하느라 힘드시겠죠?

★ 뒤 + 치다꺼리 → 뒤치다꺼리 (○)
★ 뒤치닥거리 (X)

예문
내가 언제까지 네 (**뒤치다꺼리**)를 해야겠니?
행사가 끝나고 남은 (**뒤치다꺼리**)를 하느라 늦었어.

가방을 메고 학교에 갑니다.

3월 3일

메다 vs 매다

가방을 '매는' 건지 '메는' 건지? 신발 끈을 '매는' 건지 '메는' 건지? '메다'는 물건을 손이나 어깨 등에 지고 다니는 것을 뜻해요. '매다'는 물건을 끈, 줄, 띠 등으로 묶거나 연결하는 것을 뜻해요. 그러니까 가방은 메는 것이고, 신발 끈은 매는 것이죠.

★ 메다 → 물건을 손이나 어깨 등에 지고 다니다.
★ 매다 → 끈이나 줄, 띠 등으로 묶다.

예문
배낭을 (메고) 산으로 올라갔다.
아빠는 멋진 넥타이를 (매고) 결혼식장에 가셨다.

다음 문장에서 밑줄 친 부분이 맞으면 O, 틀리면 X 하세요.

10월 28일

1.
예쁜 단풍잎을 <u>줏었다</u>.

2.
높이 <u>나는</u>
새가 멀리 본다.

3.
오래된 일이라 기억이
<u>흐리멍텅하다</u>.

정답 ❶ X ❷ O ❸ X

빈칸에 들어갈 알맞은 말을 <보기>에서 골라 쓰세요.

보기: 해님, 며칠, 메고, 몇일, 햇님, 매고

1.  새로 산 가방을 (　　) 학교에 갔다.

2.  따뜻한 (　　)이 우리를 비춰 주었다.

3.  (　　)만 지나면 새 친구를 만난다.

따뜻한 크림 수프가 먹고 싶어.

10월 27일

수프

흔히 '크림 스프', '양송이 스프'라고 말하고 써요. 심지어 상품의 이름에도 'ㅇㅇ 스프'라고 쓰는 경우가 있는데, 정확한 맞춤법은 '수프(soup)'예요. 라면을 끓일 때 넣는 양념 가루도 '스프'가 아니라 '수프'란 사실 잊지 마세요.

★ 수프 (O)
★ 스프 (X)

예문
단호박 (수프)가 고소하고 맛있어.
요즘 라면에는 (수프)가 다양하게 들어 있다.

반장은 리더십 있는 친구를 뽑아야 한다.

3월 5일

리더십

무리를 다스리거나 이끌어 가는 능력을 영어로 'leadership'이라고 해요. 외래어를 우리말로 옮길 때는 외래어 표기법에 따라야 하는데, 이 말의 바른 표현은 '리더쉽'이 아니라 '리더십'이에요. 외래어 대신 우리말인 '지도력', '통솔력' 같은 낱말을 써도 좋아요.

★ 리더십 (O)
★ 리더쉽 (X)

 누가 가장 (**리더십**) 있는 반장이 될까?
이순신 장군은 훌륭한 (**리더십**)을 발휘한 위인이다.

거센 바람에
거친 파도가 밀려왔다.

10월 **26일**

거칠다

'거칠다'는 표면이 곱지 않고 험하다, 험악하고 거세다 등의 뜻이 있어요. 'ㄹ' 받침이 있는 말이 '는'이나 'ㄴ'과 연결되면 받침(ㄹ)이 탈락하게 돼요. 그래서 '거칠은'이 아니라 '거친'이 맞아요. 비슷한 경우로 '녹슬다'도 '녹슬은'이 아니라 '녹슨'이 맞아요.

★ 거칠고, 거칠어, 거치니, 거친 (○)
★ 거칠은 (×)

예문
할머니의 (**거친**) 손을 보니 마음이 아프다.
(**거친**) 바람이 불어와 나뭇잎이 후두둑 떨어졌다.

친구들 앞에서 자기소개를 잘 못해서 **창피했다.**

3월   6일

창피하다

'챙피하다'라는 말을 잘 쓰죠? 체면이 깎이는 일을 당하여 부끄럽다는 뜻의 낱말은 '창피하다'예요. '챙피하다'는 표준어로 인정하지 않으니 '창피하다'만 옳은 표현이에요. 맞춤법을 몰라서 창피해지기 싫으면 챙피하다고 쓰면 안 되겠죠?

★ 창피하다 (O)
★ 챙피하다 (X)

 예문

가끔 내 동생이 (**창피**)하다.
길을 가다 넘어지면 아픈 것보다 (**창피한**) 것이 더 문제다.

하늘 높이 나는 새가 되고 싶어.

10월

25일

날다

공중에 떠서 움직이다, 어떤 물체가 매우 빨리 움직이다라는 뜻의 동사 '날다'가 있어요. '날다'에 '-는'이 이어질 때는 'ㄹ' 받침이 탈락되어 '나는'으로 써야 해요. '날으는'은 틀린 표현이에요. '하늘을 나는', '높이 날아서'처럼 써요.

★ 날고, 날면, 나는, 날아서, 날아, 나니 (○)
★ 날으는, 날라서, 날르고, 날르면 (×)

예문
비행기가 저 멀리 (날아)간다.
파란 하늘을 (나는) 잠자리가 많다.

학급 회의 시간에 많은 얘기를 나누었다.

3월 **7일**

얘기

할머니께 듣는 옛날이야기, 친구와 나누는 신나는 이야기. 이야기는 참 재미있죠? '이야기'를 줄여서 쓴 말은 '얘기'가 맞아요. '이야기'에서 'ㅑ'와 'ㅣ'가 합해져서 'ㅒ'가 되어 '얘기'로 줄어든 거예요. '이야기'를 아주 빠르게 읽으면 '얘기'로 소리가 나요.

★ 이야기 → ㅑ + ㅣ = ㅒ → 얘기

예문

무슨 (얘기)를 그렇게 재미있게 하니?
재미있는 (얘기)를 하다 보니 시간이 금방 지나갔다.

잠이 덜 깨서 정신이 흐리멍덩하다.

10월 **24일**

흐리멍덩

잠이 덜 깼을 때 정신이 맑지 않고 눈앞이 흐릿한 느낌을 '흐리멍덩하다'라고 해요. 또는 하는 일이 분명하지 않고 잘 못한다는 뜻으로도 쓰여요. '흐리멍텅하다'라고도 많이 말하는데 맞춤법에 어긋난 말이에요.

★ 흐리멍덩하다 (○)
★ 흐리멍텅하다 (×)

예문

하루 종일 (흐리멍덩)하여 기분이 이상하다.
어젯밤 꿈에서 보았던 장면이 (흐리멍덩)하게 떠오른다.

봄꽃이 화사한 컬러 사진 같다.

3월 8일

컬러 vs 칼라

'컬러'와 '칼라'는 둘 다 외래어지만 가리키는 것이 달라요. 사진이나 영상의 색깔이 자연 상태 그대로 여러 색을 띠는 것은 '컬러(color)'가 맞아요. '칼라(collar)'는 흔히 '카라'라고 잘못 말하는, 옷의 목 부분에 덧붙여 달린 천을 말해요.

★ 컬러(color) → 여러 가지 색깔.
★ 칼라(collar) → 옷의 목 부분(옷깃).

예문 ▶ 할아버지가 어렸을 때는 (**컬러**) 텔레비전이 없었어.
(**컬러**) 프린터 성능이 좋다.

설명이 너무 두루뭉술해서 못 알아듣겠다.

10월 **23일**

'두루뭉술', '두루뭉실', '두리뭉실', '두리뭉술' 정말 헷갈리죠? 특별히 모나지 않고 둥그스름하다 또는 말이나 태도가 확실하거나 분명하지 않다는 뜻으로 '두루뭉술하다'와 '두리뭉실하다'가 있어요. '두루뭉실하다', '두리뭉술하다'는 틀린 표현이에요.

★ 두루뭉술하다, 두리뭉실하다 (○)
★ 두루뭉실하다, 두리뭉술하다 (×)

예문 아기의 얼굴이 (**두루뭉술**)해서 귀엽다.
사과는 (**두리뭉실**)하게 하지 말고 분명히 해야 해.

내 뒤쪽에 앉은 아이는 공부를 열심히 한다.

3월　**9일**

뒤쪽

'뒤'와 '집'이 붙을 때는 [뒤찝]으로 원래 없던 된소리가 나요. 이때는 '사이시옷'을 덧붙여 '뒷집'이라고 써요. 하지만 '뒤'와 '쪽'이 붙을 때는 원래 된소리(ㅉ)가 있어서 그대로 [뒤쪽]으로 읽어요. 이럴 때는 '사이시옷'을 덧붙일 필요가 없으므로 '뒤쪽'으로 써요.

★ 뒤 + 쪽 → 뒤쪽[뒤쪽] (원래 된소리가 있어서 그대로)
★ 뒤 + 집 → 뒷집[뒤찝] (된소리로 바뀌기 때문에 'ㅅ'을 덧붙임)

 공부 시간에 (**뒤쪽**)에 앉은 아이가 자꾸 장난을 건다.
우리 학교 (**뒤쪽**)에는 큰 산이 있다.

예쁜 단풍잎을 주워 책갈피에 꽂았다.

10월 22일

줍다

떨어지거나 흩어진 것을 집어 올린다는 뜻의 낱말은 '줍다'예요. '줍다'는 문장에서 쓰일 때 줍고, 주워, 주우면 등으로 모양이 바뀌어요. 그러니 땅에 떨어진 것은 '주워' 담아야지, '줏어' 담으면 안 돼요. '줏어'는 방언(사투리)인데 표준어로는 인정되지 않아요.

★ 줍고, 주워, 주우면 (○)
★ 줏어 (×)

예문

떨어진 과자를 (**주워**) 먹지 마.
가을이면 산에서 다람쥐가 도토리를 (**줍는다**).

저는 국어를 좋아하고요, 수학은 잘 모르겠어요.

3월　**10일**

-고요

많은 사람이 잘못 쓰는 말 중에 '-구요'가 있어요. '숙제는 다 했구요.' 또는 '밥은 먹었구요.'와 같은 말이에요. 여기서 '-구'는 모두 '-고'로 써야 해요. '숙제는 다 했고요.' 또는 '밥은 먹었고요.'처럼 말이에요. 지금까지 몰랐어도 이제부터 알면 되고요.

★ 했고요, 맞고요, 하고, 아니고요, 하더라고요 (O)
★ 했구요, 맞구요, 하구, 아니구요, 하더라구요 (X)

 **예문**

봄 날씨가 참 좋더라(**고요**).
어제는 걷기 운동을 (**했고요**), 오늘은 줄넘기를 하려고요.

바른 말을 찾아 징검다리를 건너가 보세요.

10월 21일

출발! → 졸리다 → 스폰지 → 서슴지 → 난장이 → 스펀지 → 난쟁이 → 으스스 → 도착!

정답: 졸리다 – 스펀지 – 서슴지 – 난쟁이 – 으스스

올바른 낱말을 골라 동그라미 하세요.

3월 11일

1. 공부 시간에 방귀가 나와 무척 (창피 / 챙피)했다.

2.  무슨 (얘기 / 예기)가 그렇게 많을까?

3.  저는 국어가 정말 좋더라(고요 / 구요).

정답 ① 창피 ② 얘기 ③ 고요

밤에 집에 혼자 있으니 으스스하다.

10월 20일

으스스

무서운 기분이 들 때 닭살이 돋으며 몸이 떨리는 느낌이 들어요. 이처럼 차거나 싫은 것이 몸에 닿았을 때 소름이 돋는 모양을 '으스스'라고 해요. 작은 느낌으로 '오스스'라고도 하지만, '으시시'는 잘못된 말이에요.

★ 오스스 < 으스스 (O)
★ 으시시 (X)

예문

찬 바람이 부니 몸이 (**으스스**) 떨린다.
왠지 (**으스스**)한 것이 감기에 걸린 것 같아.

내 꿈을 향해 열심히 나아갈 것이다.

3월 12일

나아가다 vs 나가다

'나아가다'는 앞으로 향하여 간다거나 목적하는 방향으로 향한다는 뜻이에요. '나가다'는 어떤 공간에서 밖으로 이동한다는 뜻이에요. 그러니까 어떤 목적을 위해 행동하는 것은 '나아가다', 몸을 움직여 공간을 이동하는 것은 '나가다'를 써요.

★ 나아가다 → 어떤 목적을 위해 행동하다.
★ 나가다 → 어떤 공간에서 밖으로 이동하다.

예문
환경 보호는 모두 함께 (**나아가야**) 할 길이다.
날씨도 좋은데 집 밖에 (**나가서**) 놀자.

스펀지로 흘린 물기를 닦아 냈다.

10월 19일

스펀지

탄력이 있어서 말랑말랑하기도 하고, 부드러워서 수분을 잘 빨아들이기도 하는 물건은 '스펀지'예요. 영어 'sponge'를 우리말로 바르게 옮긴 말이에요. '스폰지'라고도 많이 말하지만, 올바른 표현은 아니에요.

★ 스펀지 (O)
★ 스폰지 (X)

(스펀지)로 만든 쿠션이 푹신푹신해.
미술 시간에 물감을 닦을 (스펀지)가 필요해.

우리 같이 잘해 보자.
파이팅!

3월 13일

파이팅

'화이팅'이란 말을 참 많이 써요. 응원할 때나, 격려할 때나, 칭찬할 때도 많이 쓰죠. 그런데 '화이팅'은 잘못된 표기이고, '파이팅'으로 써야 해요. 영어 'fighting'을 외래어 표기법에 맞게 쓰면 '파이팅'이에요. 앞으로는 맞춤법에 맞게 잘 써 봐요. 파이팅!

★ 파이팅 (O)
★ 화이팅 (X)

예문

최선을 다하자. (**파이팅**)!
우리 편 (**파이팅**)! 이번에는 이기자!

백설공주는 일곱 난쟁이와 함께 살았어요.

10월
18일

난쟁이

키가 아주 작은 사람을 '난쟁이'라고 해요. '-장이'는 '대장장이', '간판장이'처럼 어떤 일에 재능이 있음을 나타내요. 그 외에는 '-쟁이'를 써요. '난쟁이'는 키가 작은 사람을 놀리는 표현일 수 있어서 일상생활에서는 사용하지 않는 게 좋아요.

★ 난쟁이 (○)
★ 난장이 (X)

예문 농구 선수들 사이에 있으니 내가 (난쟁이) 같다.
키가 작은 친구에게 (난쟁이)라고 놀리면 안 돼요.

오랫동안 이어 온 전통문화를 유지해야 한다.

3월 14일

전통 vs 정통

'전통'은 과거에서 이어 내려오는 바람직한 사상, 관습, 행동 등을 말해요. '전통 음악'처럼 써요. '정통'은 바른 계통 또는 사물의 중심이 되는 중요한 부분을 말해요. '이탈리아식 정통 피자', '이마에 정통으로 맞다.'처럼 써요.

★ 전통 → 전통을 계승하다. / 전통 놀이가 재미있다.
★ 정통 → 정통 중국 요리를 먹었다. / 명치를 정통으로 맞았어.

예문 ▶ 한복은 우리나라 (**전통**) 의상이다.
화살이 과녁 (**정통**)에 맞았다.

나는 자전거 타기를 별로 좋아하지 않는다.

10월 17일

별로 ~않다

'빵 맛이 별로야.', '옷이 별로야.'라고 할 때는 모두 좋지 않다는 뜻이 담겨 있어요. 이처럼 '별로'는 부정하는 말과 함께 호응하는 말이에요. 그러니 '별로 좋아하지 않는다.' 또는 '별로 반갑지 않다.'처럼 써야 해요.

★ 별로 → 부정하는 말과 함께 씀.
★ 결코, 절대, 전혀 → 모두 부정 표현과 연결되는 말.

예문 이 옷을 오늘 입기에는 기분이 (**별로**) 좋지 (**않아**).
오늘 급식은 별로 (**맛없어**).

따뜻한 봄볕에 아지랑이가 피어났다.

3월 15일

아지랑이

햇볕이 강하게 쬘 때 공기가 공중에서 아른아른 움직이는 현상을 본 적 있나요? 아무것도 없는데 공기가 물결처럼 퍼져 보이는 것을 '아지랑이'라고 해요. '아지랭이'라고도 많이 말하지만, 표준어는 '아지랑이'예요.

★ 아지랑이 (○)
★ 아지랭이 (X)

 **예문**

아스팔트 위로 (**아지랑이**)가 일렁거렸다.
봄에는 들판에 꽃도 피고 (**아지랑이**)도 피어난다.

우리 반 반장은 힘든 일도 서슴지 않고 잘 도와준다.

10월 **16일**

서슴지

어떤 일을 행동할 때 고민하지 않고 용감하게 시도하는 모습을 보고 '서슴지 않고 ○○을 한다.'라고 표현해요. 이때 '서슴지'는 '~않다, ~말다'처럼 부정적인 말과 호응해요. '서슴치 않다'로 잘못 쓰는 경우가 많은데, '서슴지'가 바른 표현이에요.

★ 서슴 + 지(연결어) + 않다 → 서슴지 않다 (○)
★ 서슴치 않다 (X)

 괴롭힘을 당하는 친구를 보면 (**서슴지**) 말고 도와라.
선생님이 묻는 말에 (**서슴지**) 않고 대답했다.

숙제를 좀 더 일찍 할걸 그랬다.

3월 **16일**

-ㄹ걸

'먹을껄 그랬다.' 또는 '내가 할껄.'처럼 말을 많이 해요. 그런데 말로 할 때는 괜찮아도, 글로 쓸 때는 이러면 안 돼요. 말할 때는 [먹을껄], [할껄], [갈껄]처럼 된소리가 나지만, 쓸 때는 '먹을걸', '할걸', '갈걸' 처럼 써야 해요.

★ 할걸, 먹을걸, 입을걸, 줄걸, 갈걸 (O)
★ 할껄, 먹을껄, 입을껄, 줄껄, 갈껄 (X)

예문 ▶ 잠이나 (잘걸) 괜히 일찍 일어났네.
아닌데, 내 말이 (맞을걸)?

날이 시원해서 그런지 공부 시간에 자꾸만 **졸린다.**

10월  **15일**

졸리다

점심 먹은 뒤, 몸이 나른해서 잠자고 싶을 때가 있어요. 이렇게 자고 싶은 느낌이 있다는 뜻의 말은 '졸리다'가 맞아요. 문장에서는 졸리고, 졸려, 졸려서, 졸린다 등으로 활용해요. '졸립다'라고도 하지만 이건 방언(사투리)이에요.

★ 졸리고, 졸리면, 졸려, 졸려서, 졸린다 (○)
★ 졸립다 (×)

 어제 잠을 설쳐서 (**졸리고**) 피곤해.
이상하게 책상 앞에만 앉으면 (**졸린다**).

내가 도와줄게.

3월 17일

-ㄹ게

'도와줄게.' 또는 '내가 할게.'처럼 말을 하는데, 이것 역시 말로 할 때는 괜찮아도 글로 쓸 때는 이러면 안 돼요. 말할 때는 [할께], [갈께], [줄께]처럼 된소리가 나지만, 쓸 때는 '할게', '갈게', '줄게'처럼 써야 해요.

★ 할게, 먹을게, 입을게, 줄게, 갈게 (○)
★ 할께, 먹을께, 입을께, 줄께, 갈께 (X)

 예문

숙제는 혼자 (**할게요**).
내일 너희 집에 (**갈게**).

바른 말을 찾아 길을 따라가 보세요.

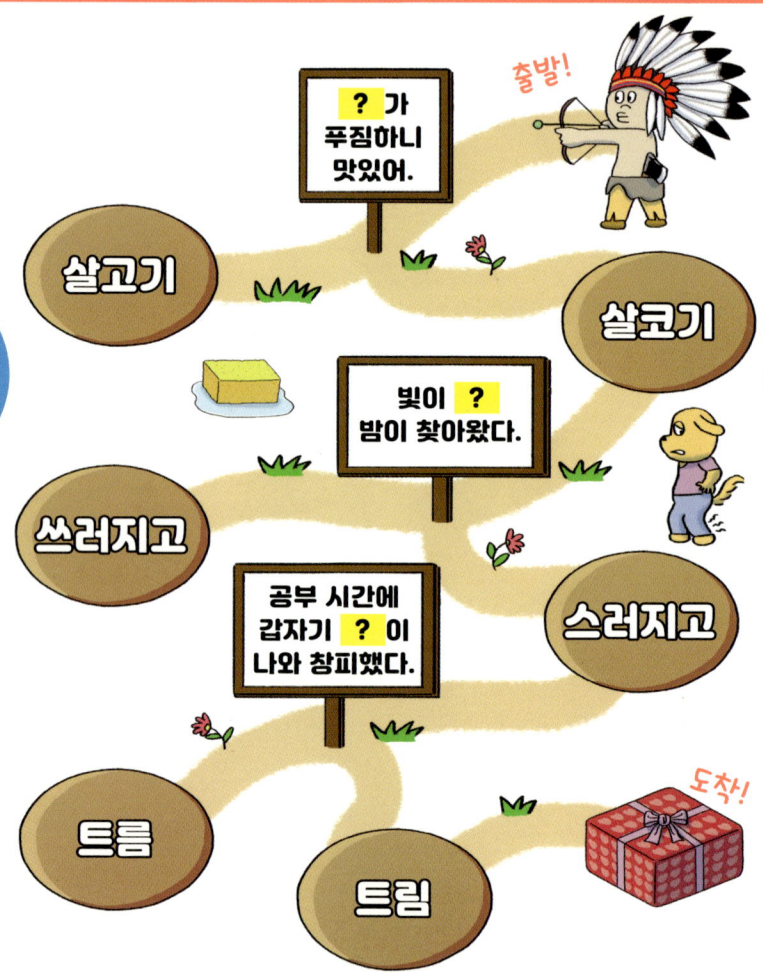

바른 말을 찾아 길을 따라가 보세요.

맛있게 먹고 시원하게 **트림**을 했다.

10월 **13일**

 탄산음료를 마시면 이것이 잘 나오죠? 음식을 먹을 때 함께 들어간 공기가 가스가 되어 다시 나오는 현상은 '트림'이 맞아요. '트림이 나오다.'처럼 써요. 많은 사람이 '트름'이라고 말하는데 맞춤법에서는 '트림'만 인정해요.

★ 트림 (O)
★ 트름 (X)

 사람을 앞에 두고 (트림)을 하는 건 예의가 아니다.
냉수 먹고 (트림)한다. ('아무것도 한 게 없으면서 잘난체한다'는 뜻의 속담)

나는 우리 집에서 둘째 딸이다.

3월 **19일**

 둘째

순서가 두 번째가 되는 차례를 뜻하는 말을 '두째'라고 말하는 사람도 있고, '둘째'라고 말하는 사람도 있어요. 정답을 말하면 '둘째'가 표준어이고, '두째'는 틀린 말이에요. 마찬가지로 세 번째, 네 번째 역시 '세째', '네째'가 아니라 '셋째', '넷째'라고 써야 해요.

★ 첫째, 둘째, 셋째, 넷째 …… (○)
★ 처째, 두째, 세째, 네째 …… (X)

예문 올해는 교실에서 (**둘째**) 자리에 앉았다.
다음 달 (**둘째**) 토요일에 가족 여행을 가기로 했다.

액세서리 가게에는 예쁜 반지가 많다.

10월 12일

 **액세서리**

몸치장하는 데 필요한 물건들을 '악세사리' 또는 '액세서리'라고 해요. 아무렇게나 써도 괜찮다고 생각할지 몰라도 정확한 맞춤법은 '액세서리(accessory)'예요. 다른 사람들이 아무리 '악세사리'라고 해도 여러분은 꼭 '액세서리'라고 하세요.

★ 액세서리 (O)
★ 악세사리 (X)

예문

언니는 독특한 (**액세서리**)로 멋을 내.
머리에 꽂은 (**액세서리**)가 눈에 띄었다.

국어 책 열두째 줄까지 읽어 보세요.

3월 20일

이 글은 첫째 줄이다.
이 글은 둘째 줄이다.
그렇다면 이 글은 셋째 줄이다
역시나 이 글은 넷째 줄이다.
이 글은 다섯째 줄이니 다음은
여섯째 줄이다.
일곱째 줄을 지나
여덟째 줄이 되었다.
아홉째 줄이면 이제 거의
열 번째 줄을 지나간다.
당연하게도 열한 번째 줄을 지나면
드디어 열두째 줄이 되었다.

열두째

순서를 셀 때 '첫째, 둘째, 셋째, 넷째……'가 맞다고 배웠어요. 그렇다면 순서가 열을 넘어갈 때는 어떻게 쓸까요? 표준어 규정에 따르면 순서를 셀 때는 '열두째', '열세째'가 맞아요. 한편, '열두 개', '열세 개'처럼 개수를 셀 때는 '열둘째'가 맞아요.

★ 순서 → 열두째, 열세째, 열네째…… (열두째 줄에 서 있는 사람)
★ 개수 → 열둘째, 열셋째, 열넷째…… (열둘째 사과)

예문
강당에서 (**열두째**) 자리가 내 자리야.
(**열둘째**) 딸기를 상자에 담았다.

가을이 깊어 널따란 논이 황금빛으로 익어 간다.

10월 11일

널따랗다

어떤 공간이 꽤 넓다는 뜻으로 쓰는 말은 '널따랗다'도 있어요. '넓다'에서 온 말이니까 '넓따랗다'라고 혼동하기 쉽지만, '널따랗다'라고 쓰고 [널따라타]라고 읽어요.

★ 널따랗고, 널따래, 널따란, 널따라니 (○)
★ 넓다랗다, 넓따랗다 (X)

예문 이사 온 새집은 방이 (**널따래서**) 좋다.
(**널따란**) 운동장에 아이들이 많이 모였다.

봄철 미세 먼지 때문에 창문을 **잠갔다.**

3월 **21일**

 잠그다

'문을 잠궈.'라고 말하는 경우가 많은데, '문을 잠가.'라고 해야 해요. '잠그다'는 열리지 않도록 하다, 물이나 가스가 흘러나오지 않도록 차단하다 등의 뜻이 있어요. 잠가, 잠그고, 잠가서, 잠갔다 등으로 활용해요. '잠궜다', '잠궈라'는 틀린 표현이에요.

★ 잠가, 잠가라, 잠그고, 잠그면, 잠갔다 (○)
★ 잠궈, 잠궈라, 잠구고, 잠구면, 잠궜다 (×)

 가스레인지를 쓰고 난 뒤에 가스 밸브를 꼭 (**잠가야**) 해.
그녀는 아무도 열지 못하게 문을 단단히 (**잠갔다**).

밤이 깊어지고
모닥불은 점점 스러졌다.

10월 **10일**

스러지다 vs 쓰러지다

'스러지다'는 형체나 현상이 희미해지면서 없어지다, 불기운이 약해서 꺼져 간다는 뜻으로 써요. 무언가가 차차 사라진다는 느낌이에요. '쓰러지다'는 서 있던 상태에서 바닥에 눕는 상태가 되다, 병으로 몸져눕다는 뜻으로 써요.

★ 스러지다 → 불꽃이 스러지다. / 쌓인 눈이 스러지다.
★ 쓰러지다 → 과로로 쓰러지다. / 할머니가 쓰러지다.

예문
독립운동가들은 (**스러져**) 가는 나라를 구하기 위해 노력했다.
강한 바람이 불어 나무가 (**쓰러졌다**).

준비물을 사려니 돈이 조금 **모자랐다.**

3월 22일

모자 라다

무엇이 부족하다, 수준에 이르지 못하다 등의 뜻으로 쓰는 말은 '모자라다'예요. 문장에서 모자라, 모자라고, 모자라서, 모자라니 등으로 활용해요. 이 말을 잘못 활용하여 모자르다, 모잘라, 모자른 등으로 쓰는 경우가 많으니 주의하세요.

★ 모자라다, 모자라니, 모자라, 모자란, 모자라면 (○)
★ 모자르다, 모자르니, 모잘라, 모자른, 모자르면 (×)

 시간이 (**모자라서**) 숙제를 다 못 했어.
배가 많이 고팠는지 밥이 (**모자라네**).

뜨거운 냄비를 잡다가 손을 **데었다**.

10월 **9일**

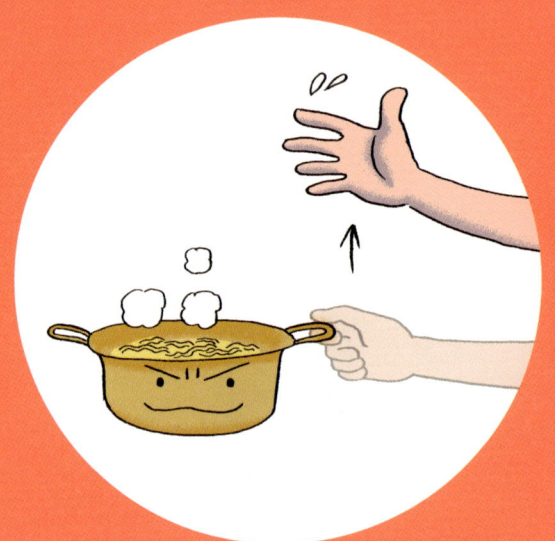

 **데다 vs 대다**

'데다'는 불이나 뜨거운 기운 때문에 살이 상하다, 몹시 놀라거나 심한 괴로움을 겪다 등의 뜻이 있어요. '대다'는 무엇을 닿게 하다, 탈것을 멈추어 서게 하다, 손으로 만지거나 건드리다 등의 뜻이 있어요. 두 말을 상황에 따라 잘 구분해요.

★ 데다 → 뜨거운 국에 혀를 데다. / 떼쓰는 동생에 크게 데었다.
★ 대다 → 숟가락을 입에 대다. / 물건에 손을 대다. / 차를 대다.

예문 ▶ 끓는 물에 손을 (**델**) 뻔했다.
전화기를 귀에 (**댔다**).

먹고 남은 과자의 개수를 세어 보았다.

3월 23일

 한 개씩 낱개로 셀 수 있는 물건의 수를 '개수'라고 해요. 종종 '갯수'라고 쓰지만 올바른 표현은 '개수(個 낱개 개, 數 셀 수)'예요. 한자끼리 합쳐진 말은 된소리로 발음되어도 '사이시옷'이 붙지 않아요. 한편, 예외로 숫자(수數+자字), 횟수(회回+수數) 등은 한자끼리 합쳐져도 사이시옷을 붙여 써요.

★ 개(한자어) + 수(한자어) → 개수[개쑤]

예문 목련꽃 꽃잎의 (개수)는 여섯 개이다.
하늘에 있는 별의 (개수)를 세어 봤니?

나는 고기 중에 살코기가 제일 좋다.

10월 **8일**

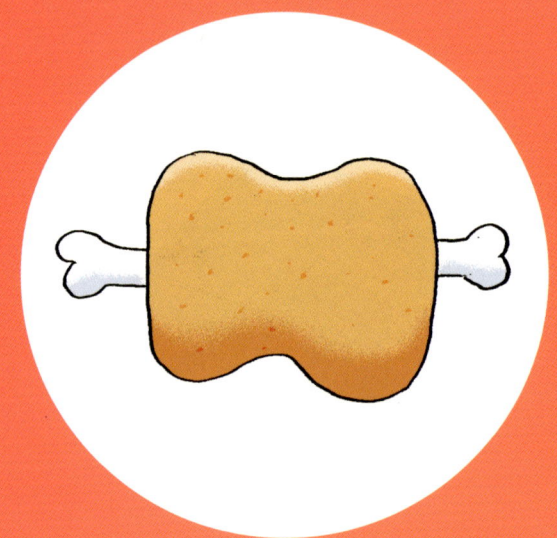

살코기

'살'과 '고기'가 합쳐지면 '살고기'가 되겠죠? 하지만 뼈나 기름, 힘줄 등이 없이 살로만 된 고기는 '살코기'로 써야 해요. '살'과 '고기'가 만날 때 거센소리(ㅎ)가 덧붙기 때문에 '살코기'라 쓰고 [살코기]라고 읽어요.

★ 살 + 고기 → 살코기 / 머리 + 카락 → 머리카락 / 암 + 닭 → 암탉 (○)
★ 살고기, 살꼬기 (X)

예문 부드러운 (살코기)로 만든 돈까스가 맛있어.
엄마가 장조림에 쓸 (살코기)를 사 오셨다.

가스레인지 위에 찌개가 보글보글 끓고 있다.

3월 **24일**

가스레인지

가스를 연료로 하여 음식을 조리하는 기구예요. 주로 부엌에 있고, 야외에서 음식을 만들 때도 사용하는 이 기구는 '가스레인지'예요. 빠르게 말하면 '가스렌지'로 들려서 잘못 쓰는 경우가 많은데 '가스레인지(gas range)'가 맞아요. 비슷한 예로 '전자레인지'가 있어요.

★ 가스레인지 (O)
★ 가스렌지 (X)

예문

(가스레인지)를 사용할 때는 안전에 주의해야 한다.
주전자를 (가스레인지) 위에 올리고 불을 켰다.

올바른 낱말을 골라 동그라미 하세요.

1. [시월 / 십월] 하늘이 참 맑고 푸르다.

2. 단군은 이 땅에 [비로서 / 비로소] 처음 나라를 세웠다.

3. [예부터 / 옛부터] 전해 오는 전통을 지켜야 한다.

추석에는 예부터 송편을 만들어 먹었다.

10월 6일

예부터

'예'는 오래전이라는 뜻의 명사예요. 명사는 문장에서 조사가 붙어서 '예나', '예로부터', '예부터' 등으로 쓰여요. 반면에 '옛'은 지나간 때를 뜻하는 관형사예요. 관형사는 문장에서 조사가 붙지 않고 '옛 추억', '옛 친구'처럼 뒤의 말을 꾸며 줘요. 따라서 '옛부터'는 틀린 말이에요.

★ 예부터 (O)
★ 옛부터 (X)

(**예부터**) 가정이 화목해야 일이 잘된다고 했다.
우리나라에는 (**예부터**) 전해 오는 이야기가 많다.

목련 꽃봉오리가 예쁘게 피었다.

3월 26일

봉오리 vs 봉우리

'봉오리'는 아직 활짝 피지 않고 망울이 맺힌 꽃을 뜻해요. 보통 '꽃봉오리'라고도 해요. '봉우리'는 산에서 가장 높이 우뚝 솟은 부분을 말해요. '산봉우리'라고도 해요. 봉오리는 작은 느낌이니까 '꽃봉오리', 봉우리는 큰 느낌이니까 '산봉우리'라고 기억하면 쉬워요.

★ 봉오리 → 아직 활짝 피지 않은 꽃.
★ 봉우리 → 산에서 가장 높이 솟은 부분.

예문 며칠만 있으면 봄꽃들의 (봉오리)가 활짝 열리겠다.
저기 높은 (봉우리)가 이 산의 정상이야.

아빠가 뱃살을 빼려고 러닝 머신을 샀다.

10월 5일

 **러닝**

달리기를 뜻하는 영어는 'running'이에요. 우리말로 쓸 때는 '러닝'으로 써요. '러닝'은 운동으로 하는 달리기, 소매 없는 셔츠 등의 뜻도 있고, 러닝 머신, 러닝 셔츠, 러닝 슈즈처럼 다른 말과 붙여 쓸 때도 있어요. '런닝'은 외래어 표기법에 맞지 않아요.

★ 러닝 (O)
★ 런닝 (X)

 **예문**

선수들이 가벼운 (러닝)으로 몸을 풀었다.
새로 산 (러닝) 슈즈가 편안해서 좋다.

고양이가 다가와 나에게 몸을 비볐다.

3월 27일

비비다

봄볕이 따뜻한 날, 고양이가 다가와 털을 '비비면' 정말 부드럽겠죠? 이렇게 몸은 '부비는' 게 아니라 '비비는' 거예요. '비비다'는 두 물체를 맞대어 문지르거나, 여러 가지 재료를 넣어 섞는다는 뜻이에요. '부비다'는 없는 말이에요. '비빔밥'은 있어도 '부빔밥'은 없는 것처럼요.

★ 비비다 (O)
★ 부비다 (X)

예문

두 손바닥을 (**비비면**) 따뜻해진다.

밥에 나물을 넣고 (**비비면**) 맛있는 비빔밥 완성!

환경 보존을 위한 발명품을 **개발**하고 싶다.

10월 4일

개발 vs 계발

'개발'은 없던 것을 새롭게 만들어 발전하게 한다는 뜻이에요. '산업 개발', '신제품 개발', '능력 개발' 등으로 써요. '계발'은 인간의 정신적 능력과 관련 있는 것을 계속 발전시킨다는 뜻이에요. '상상력 계발', '외국어 능력 계발' 등으로 써요.

★ 개발 → 없던 것을 새롭게 만듦.
★ 계발 → 있던 것을 계속 이어감.

예문

자연을 무분별하게 (개발)하면 환경이 파괴된다.
독서를 많이 하면 자기 (계발)에 도움이 된다.

태권도를 배운 지
1년이 다 되어 간다.

3월 28일

'지' 띄어쓰기

'먹을지', '먹은 지', '시작할지', '시작한 지'는 띄어 써야 할지 붙여 써야 할지 구분하기 어렵죠? 하나만 기억하세요. '지'가 시간을 나타낼 때는 띄어 쓴다! '너를 본 지 오래됐구나.'에서 '지'는 시간이 흐른 동안을 뜻해요. 이런 경우에는 띄어 쓰고, 나머지는 모두 붙여 써요.

★ 지 → 밥 먹은 지 한 시간. / 개학한 지 한 달. (시간)
★ 지 → 밥을 먹을지 말지. / 배고플지 몰라. (나머지 모든 상황)

 친구가 오기를 (**기다린 지**) 30분이 넘었다.
이제는 계속 (**기다릴지**) 결정해야 한다.

비로소 단군은 이 땅에 고조선을 세웠다.

10월 3일

비로소

'비로소'는 어떤 일이 꽤 오랜 기다림 끝에 처음으로 이루어짐을 나타내요. '비로소 목표를 이루었다.', '비로소 성공했다.'처럼 써요. '비로서'는 틀린 표현이에요. '비로소'와 비슷한 말로 '마침내, 드디어' 등이 있어요.

★ 비로소 (O)
★ 비로서, 비로써 (X)

 **예문**
감염병을 막을 백신을 (비로소) 개발했다.
오랜 연습 끝에 (비로소) 줄넘기 2단 뛰기에 성공했다.

선생님은 우리를 끔찍이 아껴 주신다.

3월 **29일**

 **끔찍이**

'끔찍이 아껴 주신다.'는 아주 많이 아껴 주신다는 의미예요. '끔찍이'는 정도가 지나쳐 놀랍게, 정성이 몹시 대단하다는 뜻인데, '끔찍하다'와 헷갈려서 '끔찍히'라 쓰고 [끔찌키]라고 읽으면 안 돼요. '끔찍히'는 없는 말이거든요. '끔찍이'라 쓰고 [끔찌기]라고 읽어야 해요.

★ 끔찍이 (O)
★ 끔찍히 (X)

예문 부모님은 나를 (**끔찍이**) 귀여워해 주신다.
형은 며칠을 굶었는지 밥을 (**끔찍이**) 많이 먹는다.

추석에는 송편을 예쁘게 빚어 먹는다.

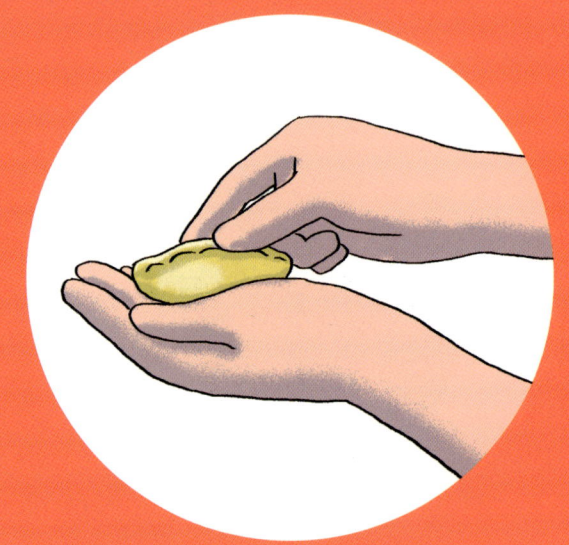

10월 2일

빚다 vs 빗다

'빚다'와 '빗다'는 소리가 [빋따]로 같아서 헷갈려요. '빚다'는 흙으로 어떤 형태를 만들거나, 가루를 반죽하여 떡을 만든다는 뜻이에요. '빗다'는 머리털을 빗 따위로 가지런히 고른다는 뜻이에요. 그러니 머리는 빗으로 '빗고', 송편은 '빚어요'.

★ 빚다 → 도자기를 빚다. / 떡을 빚다. / 술을 빚다.
★ 빗다 → 머리를 빗다.

예문
정성껏 (**빚은**) 떡이 참 맛있다.
학교 가기 전에 머리를 (**빗어라**).

누나가 놀리며 혀를 **날름** 내밀었다.

3월 30일

혀나 손을 날쌔게 내밀었다 들이는 모양, 무엇이 날쌔게 움직이는 모양을 '날름'이라고 해요. '강아지가 과자를 날름 집어갔다.'처럼 써요. '날름'보다 좀 더 큰 느낌을 나타내려면 '널름'이라고 써도 돼요. 하지만 '낼름'은 잘못된 말이니 쓰지 마세요.

★ 날름 < 널름 (○)
★ 낼름 (X)

예문 아이가 엄마 등에 (**날름**) 업혔다.
뱀이 혀를 (**날름**)거리며 풀밭을 기어갔다.

오늘은 **시월**의 첫날이다.

10월   **1일**

시월
10월은 가을이 무르익는 아름다운 달이죠. 그런데 '10월'을 읽고 쓸 때는 조심해야 해요. '10월'을 읽을 때 [십월]로 읽으면 발음하기 어려워요. 그래서 쉽게 발음하려고 [시월]로 읽어요. 쓸 때도 '십월'이 아니라 '시월'로 써야 해요.

★ 십 + 월 → 시월 (O)
★ 십월 (X)

 **예문**
(시월)에는 개천절과 한글날이 있다.
(시월)이 되면 단풍이 물들어 간다.

의자에 잘못 앉아서 엉덩이에 껌이 눌어붙었다.

3월 31일

눌어붙다

껌이 붙은 것도 기분 상하는데 맞춤법까지 틀리면 더 화나겠죠. 뜨거운 바닥에 조금 타서 붙거나, 한곳에 오래 있으면서 떠나지 않는다는 뜻으로 쓰는 말은 '눌어붙다'가 맞아요. '눌러붙다'나 '늘어붙다'는 표준어로 인정하지 않아요.

★ 눌어붙다 (O)
★ 눌러붙다, 늘어붙다 (X)

밥솥에 (눌어붙은) 누룽지가 맛있다.
방에 (눌어붙어) 밖으로 나올 생각을 하지 않는다.

빈칸에 들어갈 알맞은 말을 <보기>에서 골라 쓰세요.

보기: 이틀날, 사흘, 벌리는, 나흘, 이튿날, 벌이는

9월 30일

1.
운동을 하고 (　　) 다리가 아팠다.

2.
이 녀석이 무슨 일을 (　　) 거야?

3.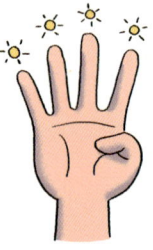
(　　)째 되는 날 드디어 목표에 도달했다.

정답 ① 이튿날 ② 벌이는 ③ 나흘

다음 문장에서 밑줄 친 부분이 맞으면 O, 틀리면 X 하세요.

4월 1일

1. 날이 따뜻해지며 목련의 <u>봉우리</u>가 점점 커졌다.

2. 엄마 품에 안겨 뺨을 <u>비비면</u> 기분이 좋아진다.

3. 태권도를 <u>배운 지</u> 한 달이 넘었다.

정답: ❶ X ❷ O ❸ O

다리를 삐끗하는 바람에 깁스를 했다.

9월

29일

다리를 다친 건 안타깝지만 맞춤법은 바르게 써야겠죠? 다친 곳을 고정하기 위해 석고 가루를 굳혀 단단하게 만든 붕대의 이름은 '깁스'예요. 독일어인 'Gips'를 우리말로 옮기면 '깁스'라고 해요. '기브스'는 잘못된 표현이에요.

★ 깁스 (O)
★ 기브스, 기부스 (X)

예문 오른손에 (깁스)를 해서 글씨 쓰기가 어려워.
한 달 만에 드디어 (깁스)를 풀었다.

만나서 떡볶이나 먹으러 가든지.

4월 2일

-든지, -든
vs
-더라, -던

'-든지, -든'은 어떤 것 중에 무엇을 선택하든 상관없음을 나타내요. '-더라, -던'은 지난 일을 나타내는 의미가 있어요. '-든지, -든'은 선택 상황을 나타낼 때, '-더라, -던'은 과거의 일을 나타낼 때 쓰는 말이에요.

★ -든지, -든 → 오든지 가든지. / 국어든 수학이든 좋아. (선택 상황)
★ -더라, -던 → 어제 날씨가 좋더라. / 내가 다니던 유치원. (지난 일)

예문

무엇을 (하든) 열심히 해라.
거기는 가 봤(던) 곳이야.

무슨 이상한 일을 벌이는지 동생이 방에서 안 나온다.

9월 28일

벌이다 vs 벌리다

'벌이다'는 어떤 일을 계획하여 시작하거나 여러 가지 물건을 늘어놓는다는 뜻이에요. '잔치를 벌이다.'처럼 써요. '벌리다'는 둘 사이의 간격을 멀게 하거나 껍질을 열어 속의 것을 드러내는 일을 뜻해요. '다리를 벌린다.'처럼 써요.

★ 벌이다 → 일을 벌이다. / 물건들을 마구 벌이다.
★ 벌리다 → 다리를 벌리다. / 바나나 껍질을 벌리다.

예문
오늘 아침에 교문 앞에서 교통안전 캠페인을 (**벌인다**).
가방을 (**벌려서**) 물건을 가득 담았다.

그 친구는 약속 시간에 **번번이** 늦는다.

4월 3일

번번이 vs 번번히

'번번이'는 매 때마다라는 뜻으로 자주, 자꾸, 매번과 비슷한 말이에요. '번번히'는 물건이 낡지 않아 보기에 괜찮게, 외모가 예쁘장하게라는 뜻으로 쓰여요. '번번이'와 '번번히'는 글자는 비슷하지만 뜻이 다르니 잘 구분하세요.

★ 번번이 → 약속을 번번이 어기다.
★ 번번히 → 번번한 옷 한 벌이 필요해.

 **예문**
내 짝은 (**번번이**) 지각을 한다.
마음이 예뻐야지 얼굴만 (**번번히**) 꾸미면 뭐 해?

따님이 참 예쁘고 착하네요.

9월 27일

따님

남의 딸을 높여 부를 때 '따님'이라고 해요. '따님'은 여자 자식을 뜻하는 '딸'과 사람을 높여 부르는 말인 '님'이 합해진 말이에요. 그런데 '딸님'이라고 하면 발음하기 어려워 자연스럽게 받침 'ㄹ'이 사라지면서 '따님'이 된 거예요.

★ 딸 + 님 → 따님 (O)
★ 딸님 (X)

(**따님**)의 결혼식을 진심으로 축하합니다.
예쁜 (**따님**)이 태어났어요.

이 문제를 맞히다니 정말 대단하다!

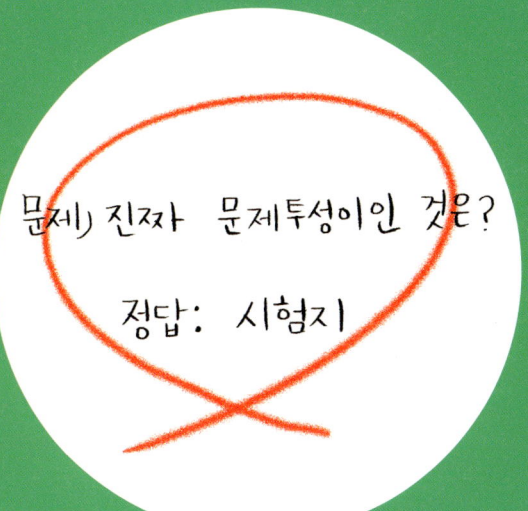

4월 4일

맞히다 vs 맞추다

'맞히다'와 '맞추다'는 다른 뜻으로 쓰이는 낱말이에요. '맞히다'는 문제에 대한 답을 틀리지 않게 하다, 적중하다 등의 뜻이 있어요. '맞추다'는 떨어져 있는 부분을 맞게 대다, 둘 이상의 대상을 비교하다 등의 뜻이 있어요.

★ 맞히다 → 적중하다.
★ 맞추다 → 둘을 비교하다.

예문

이 꽃 이름이 무언지 (**맞혀**) 봐.
줄을 (**맞춰**) 똑바로 서세요.

생일이라고 **귀띔**해 줬으면 선물을 준비했을 텐데.

9월 **26일**

귀띔

상대편이 눈치로 알아차릴 수 있도록 미리 슬그머니 일깨워 주는 것을 '귀띔'이라고 해요. '귀띔'은 '귀'와 '뜨이다(청각이 느껴지다)'가 결합한 말이에요. '뜨임'이 줄어서 '띔'이 되었으니 '귀띔'이라고 쓰고, [귀띰]이라고 읽어요.

★ 귀 + 뜨임 → 귀뜨임 → 귀띔 (O)
★ 귀뜸, 귀띰 (X)

 친구가 내일 좋은 일이 있을 거라고 (**귀띔**)해 주었다.
아무리 (**귀띔**)해 주어도 알아듣지 못해 답답하다.

봄꽃 축제에 예쁜 꽃들이 **한창**이었다.

4월 5일

한창 vs 한참

'한창'은 어떤 일이 가장 활기 있고 왕성하게 일어나는 때를 뜻하는 말이에요. '산에 봄꽃이 한창이다.'처럼 쓰여요. '한참'은 시간이 꽤 지나는 동안을 뜻하는 말이에요. '두 사람은 한참 동안 걸어갔다.'처럼 써요.

★ 한창 → 공사가 한창인 아파트가 보였다.
★ 한참 → 한참을 기다렸다.

예문
(한창) 키가 클 때이니 많이 먹어라.
(한참) 전에 일이 끝났다.

네 번의 낮과 밤이 지나는 동안은 나흘이다.

9월 **25일**

사흘 vs 나흘

'사흘'은 세 날, 즉 세 번의 낮과 밤이 지나는 동안을 뜻해요. '나흘'은 네 날, 즉 네 번의 낮과 밤이 지나는 동안이고요. 둘을 합쳐서 3~4일을 '사나흘'이라고도 해요. 숫자 4를 떠올려 '사흘'을 4일로 잘못 알면 안 돼요.

★ 사흘 → 세 날(3일)
★ 나흘 → 네 날(4일)

예문
가을비가 (사흘)이나 계속 내렸다.
추석 연휴가 (나흘) 동안 이어진다.

나는 형보다 키가 **작다.**

4월 **6일**

작다 vs 적다

'작다'는 길이나 넓이, 부피 등이 기준보다 덜하다는 뜻이에요. '적다'는 수량이나 정도가 기준에 미치지 못하다는 뜻이에요. 쉽게 말해서 '작다'는 길이나 크기를, '적다'는 양이나 정도를 나타내요. 그러니 키는 작은 것이고, 몸무게는 적은 것이에요.

★ 작다 → 발이 작다. / 옷이 작다. / 방이 작다. (길이나 크기)
★ 적다 → 나이가 적다. / 돈이 적다. / 밥이 적다. (양이나 정도)

 **예문**

동굴에서는 키가 (**작은**) 게 좋아.
봄에는 여름보다 비가 (**적게**) 내린다.

운동을 너무 많이 해서 이튿날에 다리가 아팠다.

9월 24일

이튿날

두 날, 그러니까 하루가 두 번 있는 만큼의 시간을 '이틀'이라고 해요. 이 말 때문에 '어떤 일이 있은 그다음의 날'을 '이틀날'로 잘못 아는 경우가 많아요. 정확한 표현은 '이튿날'이에요. '이틀'과 '이튿날'을 헷갈리지 마세요.

★ 이틀 + 날 → 이튿날[이튼날] (○)
★ 이틀날 (X)

(**이튿날**) 아침에 우리는 일찍 일어났다.
밤새 아팠는데 다행히 (**이튿날**) 아침에는 괜찮았다.

체육 시간에 손가락을 다쳤다.

4월 7일

다치다 vs 닫히다

'다치다'와 '닫히다'는 읽을 때 [다치다]로 소리가 같지만 뜻은 달라요. '다치다'는 몸이나 마음에 상처가 생기다, 물건이 긁혀 손상을 입다 등의 뜻으로 쓰여요. '닫히다'는 열린 문이나 뚜껑 등이 다시 제자리로 가다 등의 뜻으로 쓰여요.

★ 다치다 → 손이 다치다. / 발이 다치다. (몸이나 마음의 상처)
★ 닫히다 → 문이 닫히다. / 뚜껑이 닫히다. (열린 것이 제자리로 가다)

예문
흥부는 (**다친**) 제비 다리를 고쳐 주었어.
일요일이라 가게 문이 (**닫혔어**).

빈칸에 들어갈 알맞은 말을 찾아 선으로 이으세요.

1. 이 도자기는 ( )가 많이 나가겠다.

   - 갑어치
   - 값어치

2. 가만있는 사람한테 ( ) 하지 마.

   - 해꼬지
   - 해코지

3. 떡방아를 ( ) 맛있는 떡을 해 먹자.

   - 찍어
   - 찧어

9월 23일

정답 ① 값어치 ② 해코지 ③ 찧어

빈칸에 들어갈 알맞은 말을 찾아 선으로 이으세요.

4월 8일

1. 작년에 (   ) 꽃이 올해도 피었다.

2. 갑자기 문이 (   ).

3. 나보다 (   ) 나무가 나보다 더 커졌다.

- 피던
- 피든
- 다쳤다
- 닫혔다
- 작았던
- 적었던

정답: ① 피던 ② 닫혔다 ③ 작았던

보름달에는 정말 토끼가 떡방아를 찧고 있을까?

9월 22일

찍다 vs 찧다

달토끼는 방아를 찍을까요, 찧을까요? '찍다'는 무엇을 내리쳐서 박히게 하거나, 눌러서 자국을 남긴다는 뜻이에요. '찧다'는 곡식이나 열매를 잘게 부수려고 절구통에 넣어 내리친다, 무거운 것으로 물체를 내리치다 등의 뜻이 있어요.

★ 찍다 → 도장을 찍다. / 나무에 도끼를 찍다.
★ 찧다 → 방아를 찧다. / 기둥에 머리를 찧다.

엄지손가락에 인주를 묻혀 지장을 (**찍었다**).
추석이라 송편을 만들려고 쌀을 (**찧으려는**) 사람들이 많다.

숙제해야 한다는 것을 깜빡 잊어버렸다.

4월

9일

잊다 vs 잃다

'잊다'는 어떤 것을 기억하지 못한 상황을 나타내요. '잃다'는 사람이나 물건이 사라진 상태를 나타내요. 기억하지 못해서 지나간 것은 '잊어버린' 것이고, 있었던 물건이 없어진 것은 '잃어버린' 것이지요. 그래서 숙제해야 한다는 것은 잊어버린 것이 맞아요.

★ 잊다 → 약속을 잊어버렸다. / 공부한 것을 잊었다.
★ 잃다 → 돈을 잃어버렸다. / 지갑을 잃었다.

예문

내가 아끼던 지우개를 (**잃어**)버렸다.
친구가 약속을 (**잊어**)버렸다.

내 손을 쫙 펴면 15센티미터 정도 된다.

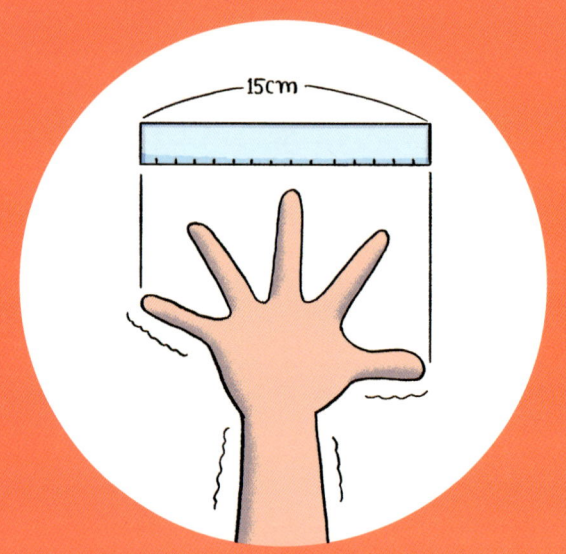

9월 21일

길이를 재는 단위로 많이 쓰는 것 중에 'cm'가 있어요. 영어 'centimeter'를 읽을 때 '센치미터' 또는 '센찌(센치)'라고 말하는 경우가 많은데, 정확하게는 '센티미터'라고 해야 해요.

★ 센티미터 (O)
★ 센치미터, 센치, 센찌미터 (X)

예문 1(**센티미터**)는 10밀리미터와 같다.
내 발은 24(**센티미터**) 정도야.

동물을 관람하려는 사람들이 줄을 **잇고** 있다.

4월 10일

잇다 vs 있다

'잇다'는 끊어지지 않고 계속되거나 여러 개의 사물을 하나로 붙인다는 뜻이에요. 잇고, 이어, 이으면처럼 바뀌어 활용해요. '있다'는 어떤 대상이 실제로 존재하거나 공간을 차지한다는 뜻이에요. 있고, 있어서, 있으면처럼 활용해요.

★ 잇다 → 끊어지지 않고 계속되다.
★ 있다 → 어떤 대상이 실제로 존재한다.

예문
너무 놀라서 말을 (잇지) 못했다.
나는 내 방에 (있고) 아빠는 부엌에 계셨다.

열심히 하더니
상장을 받았구나. 잘됐다.

9월

20일

잘되다

사람이 훌륭하게 되다, 일이나 현상이 좋게 이루어지다 등의 뜻으로 쓰는 말로 '잘되다'가 있어요. '잘되다'는 문장에서 잘되고, 잘되면, 잘되어 등으로 활용하는데, 그중에서 '잘되어'를 줄여서 '잘돼', '잘되었다'를 줄여 '잘됐다'라고 써요.

★ 잘되어 → 잘돼, 잘되었다 → 잘됐다, 잘되었고 → 잘됐고 (O)
★ 잘됬다, 잘됬네, 잘됬고 (X)

예문
등산을 가려는데 비가 와서 차라리 (**잘됐다**)고 생각했다.
할아버지께서 올해는 과일 농사가 (**잘됐다**)고 하셨다.

요새 인기 있는 드라마는 뭐니?

4월 11일

요새

'ㅐ'와 'ㅔ'가 헷갈리는 말이 많은데요. 지금까지의 가까운 얼마 동안이라는 뜻은 '요새'가 맞아요. 이것은 '요사이'의 줄임 말인데 '요즘'과 비슷해요. '요사이'에서 'ㅏ'와 'ㅣ'가 합해져 'ㅐ'가 되었다고 생각하면 쉬워요. '요세'는 틀린 말이에요.

★ 요사이, 요새 (O)
★ 요세 (X)

예문

(요새) 영 입맛이 없어.

(요새) 들판에 가면 봄꽃이 활짝 피었어.

힘이 세다고 친구들에게 해코지하면 안 된다.

9월 **19일**

해코지

이유가 어떻든지 다른 사람을 괴롭히거나 피해를 입혀서는 안 되겠죠. 남을 해치고자 하는 짓을 '해코지'라고 해요. '잘못도 없는 동생한테 해코지하지 마.'처럼 써요. '해꼬지'라고 말하는 경우가 많은데 '해코지'만 표준어로 인정해요.

★ 해코지 (O)
★ 해꼬지 (X)

예문 험상궂게 생긴 사람들이 (해코지)할까 봐 무서웠다.
도깨비는 장난으로 사람에게 (해코지)를 하기도 했다.

텔레비전을 너무 오래 보면 안 돼.

4월 12일

'되다'는 문장에서 되고, 되면, 되어서 등으로 바뀌어요. 이때 '되어'를 줄여서 '돼'로 쓸 수 있어요. 또 '될까?', '안 될까?'의 물음에 답할 때는 '되어요', '안 되어요'로 대답하니까 '돼', '안 돼'로 써요. 헷갈리면 '어'를 넣어서 어색한지 살펴보세요.

★ 안 돼 (○)
★ 안 되 (X)

최선을 다했으면 집에 가도 (**됩니다**).
밥이 다 (**됐다**).

보름달을 보니 동그랗고 **납작한** 호떡이 생각난다.

9월 18일

납작하다

호떡, 부침개, 마른오징어의 공통점이 뭘까요? 바로 두께가 얇고 평평하게 생긴 모양이에요. 이처럼 판판하고 얇으면서도 조금 넓은 모양을 '납작하다'라고 말해요. 읽을 때 [납짜카다]로 소리 난다고 '납짝하다'라고 쓰면 안 돼요.

★ 납작하다 (O)
★ 납짝하다 (X)

 캔을 버릴 때는 (**납작하게**) 밟아서 분리수거 함에 넣는다.
경기에 진 선수는 코가 (**납작해**)졌다.

노력한 만큼 반드시 대가가 돌아올 것이다.

4월 13일

대가

'대가'를 읽을 때 [대까]라고 해요. 그래서 '댓가'라고 잘못 쓰는 사람이 많아요. 올바른 표현은 '대가'예요. '대가'는 어떤 일에 대해 받는 값, 어떤 일에 들인 노력 등의 뜻으로 쓰여요. [대까]라고 읽는다고 '댓가'로 쓰면 틀려요.

★ 대가 (○)
★ 댓가 (X)

예문

동생은 심부름을 한 (대가)로 장난감을 달라고 했다.
독립운동가들은 나라를 되찾기 위해 힘든 (대가)를 치르며 싸웠다.

이 보물의 값어치는 어마어마하다.

9월 17일

값어치

'값어치'는 일정한 분량이나 가치를 뜻하는 말이에요. 물건의 가치를 나타내는 '값'에 그 값에 해당하는 분량이라는 뜻을 더해 주는 '-어치'가 합쳐진 말이에요. '갑어치', '가버치'는 틀린 말이에요.

★ 값 + 어치 → 값어치 (○)
★ 갑어치, 가버치 (X)

예문
(값어치)도 없는 고물을 왜 사 왔니?
아무 (값어치) 없는 말싸움에 시간 낭비하지 말자.

안 그러려고 해도 자꾸 손이 움직인다.

4월 14일

그러려고

'안 그럴려고 했는데 미안해.'처럼 쓰는 경우가 많아요. 하지만 올바른 표현은 '그러려고'예요. 이것은 '그렇게 + 하려고'의 뜻인데 줄여서 '그러려고'라고 써요. 비슷한 형태로 '먹으려고', '가려고', '자려고' 등도 주의하세요.

★ 그러려고, 먹으려고, 가려고, 자려고, 하려고 (○)
★ 그럴려고, 먹을려고, 갈려고, 잘려고, 할려고 (X)

 예문

밥을 다 (먹으려고) 하니 배가 너무 불러.
(이러려고) 내가 일찍 일어난 게 아닌데.

다음 문장에서 밑줄 친 부분이 맞으면 O, 틀리면 X 하세요.

9월 16일

1.
창밖으로 하늘을 <u>물끄러미</u> 바라보았다.

2.
공부할 때는 <u>주의</u>를 기울여야 해.

3.

빈칸에 들어갈 <u>옳바른</u> 조각은?

정답: ① O ② O ③ X

빈칸에 들어갈 알맞은 말을 <보기>에서 골라 쓰세요.

보기: 안 돼, 잊어, 대가, 잃어, 안 되, 댓가

1.  잠을 자느라 친구와 한 약속을 (   )버렸다.

2.  텔레비전을 너무 많이 보면 (   ).

3.  열심히 노력한 (   )로 금메달을 땄다.

정답: ① 잊어 ② 안 돼 ③ 대가

문제가 생기면 올바른 해결 방법을 찾아야 한다.

9월 15일

문) 빈칸에 들어갈 올바른 조각은?

① ② ③

올바르다

올바른? 옳바른? 어느 것이 맞을까요? 말이나 생각, 행동이 규범에서 벗어나지 않고 옳고 바르다는 뜻의 말은 '올바르다'예요. '옳다'와 혼동하여 '옳바르다'라고 생각하기 쉬운데, '옳바르다'는 올바르지 않은 표현이에요.

★ 올바르다 (O)
★ 옳바르다 (X)

예문

좋은 책을 읽으면 (올바른) 생각을 키울 수 있다.
(올바른) 인성은 작은 습관에서 시작한다.

열심히 만든 발표 자료가 **통째로** 날아갔다.

4월 16일

며칠 동안 고생해서 만든 자료가 통째로 날아가면 정말 억울하겠죠? 나누지 않은 덩어리 전체 그대로라는 뜻의 말은 '통째로'예요. 여기서 '-째'는 명사 뒤에 붙어서 전부, 그대로라는 뜻을 더해 주는 말이에요. '뿌리째', '그릇째', '껍질째'처럼 쓸 수 있어요.

★ 통째로, 껍질째, 뿌리째, 그릇째 (O)
★ 통채로 (X)

너무 배고파서 빵을 (**통째로**) 입에 넣었다.
캠핑을 가면 고기를 (**통째로**) 구워 먹어야 맛있지.

줄넘기 50개 정도는 무난하게 할 수 있다.

9월 **14일**

무난하다 vs 문안하다

'무난하다'는 별로 어려움이 없다, 흠잡을 것이 없다, 성격이 까다롭지 않다 등의 뜻이 있어요. '문안하다'는 웃어른께 안부를 여쭙다 등의 뜻이 있어요. 발음이 똑같아서 헷갈리지만 무난한 사람이 되려면 잘 구별해서 써야 해요.

★ 무난하다 → 어려움이 없다.
★ 문안하다 → 안부를 묻다.

예문
성격이 (무난)한 친구들이 학교에서 인기가 많아.
할아버지께 (문안) 인사를 드리자.

미세 먼지 없는 운동장에서 축구할 수 있기를 바란다.

4월 **17일**

바라다 vs 바래다

'바라다'는 마음속으로 기대한다는 뜻이에요. 문장에서는 바라, 바라고, 바라면, 바람 등으로 바꾸어 활용해요. '바래다'는 색깔이 옅어지거나 윤기가 없어진다는 뜻이에요. 문장에서는 바래, 바래고, 바래면, 바램 등으로 바뀌어요.

★ 바라다 → 바라서, 바라고, 바라, 바람
★ 바래다 → 바래서, 바래고, 바래, 바램

 **예문**

내 간절한 (**바람**)이 꼭 이루어져야 할 텐데.
오래된 간판의 글자 색이 (**바랬다**).

인디언 인형이 귀엽다.

9월 13일

 **인디언**

아메리카 대륙의 원주민을 '인디언'이라고 해요. 영어로 'indian'은 인도 사람이라는 뜻인데, 이탈리아의 탐험가 콜럼버스가 아메리카 대륙을 인도로 잘못 생각한 데서 유래한 말이에요. '인디안'으로 쓰기도 하지만 바른 표기가 아니에요.

★ 인디언 (○)
★ 인디안 (X)

예문 아메리카 원주민은 콜럼버스 때문에 (**인디언**)으로 불렸다.
오늘날 (**인디언**)의 전통문화는 많이 사라졌다.

달리기를 하다 넘어져도 오뚝이처럼 일어난다.

4월 18일

'오뚝이'와 '오뚜기'는 정말 많이 틀리는 말이에요. 식품 회사의 이름 때문에 '오뚜기'로 잘못 쓰는 경우가 많은데, 정확히는 '오뚝이'가 맞아요. '오뚝이'는 '오뚝하다'에서 온 말인데, 아무리 굴려도 오뚝하게 서기 때문에 붙은 이름이에요.

★ 오뚝이 (O)
★ 오뚜기 (X)

 아기가 (**오뚝이**)를 굴리며 까르르 웃었다.
힘들어도 (**오뚝이**)처럼 다시 일어나.

공부 시간에는 선생님 말씀에 **주의**를 기울여야 한다.

9월 **12일**

주의 vs 주위

'주의'는 관심이나 생각을 집중한다는 뜻이에요. 공부 시간에는 생각을 집중하여 주의를 기울여야 해요. '주위'는 주변을 둘러싸고 있는 환경을 말해요. '주의'와 '주위'가 자주 헷갈려요. 공부 시간에 주위(교실이나 친구)를 둘러볼 수는 있어도 기울일 수는 없어요.

★ 주의 → 어떤 일에 집중하다.
★ 주위 → 가까운 곳, 주변을 둘러싼 환경.

시험 칠 때는 (**주의**)를 기울여 집중해야 해.
우리 집 (**주위**)에는 재미있는 놀이터가 많다.

배가 자주 고파서
먹는 양을 **늘렸다**.

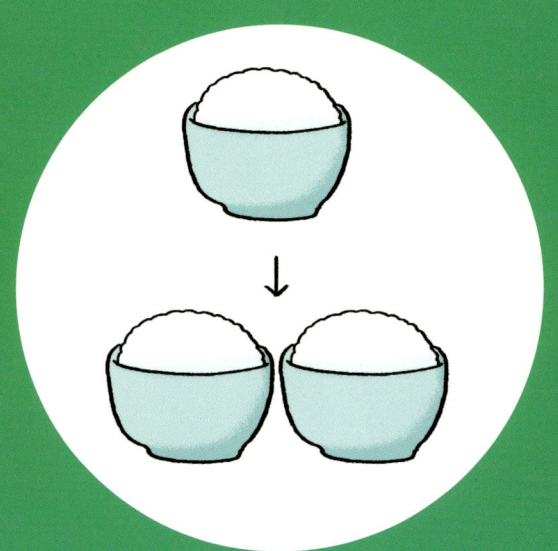

4월 19일

늘리다 vs 늘이다

'늘리다'는 물체의 넓이나 부피를 원래보다 크게 하다, 수나 양을 원래보다 많게 하다 등의 뜻이 있어요. '늘이다'는 당겨서 길이를 더 길게 하다, 선을 더 길게 긋다 등의 뜻으로 쓰여요. 그러니 먹는 밥의 양은 늘리는 게 맞아요.

★ 늘리다 → 몸무게를 늘렸다.
★ 늘이다 → 바지 고무줄을 늘였다.

예문 ▶ 우리 동아리 인기가 높아져 회원 수를 (**늘렸다**).
다리가 길어져서 바지 길이를 (**늘였다**).

이 사람이 얻다 대고 반말이야?

9월 **11일**

얻다 대고

함부로 말하거나 행동하는 사람을 나무라는 상황에서, 감히 누구에게라는 뜻으로 쓰는 말 중에 '얻다 대고'가 있어요. '어따 대고'라고 쓰기도 하는데 정확히는 '얻다 대고'예요. '얻다(어디에다)'와 '대고(목표로 삼고)'가 합해진 말이에요.

★ 얻다(어디에다) + 대고(목표로 삼고) → 얻다 대고 (O)
★ 어따 대고 (X)

예문

너 지금 (**얻다 대고**) 소리를 지르니?
감히 (**얻다 대고**) 화를 내는 거야?

공부 시간에는 자세를
꼿꼿이 해야 한다.

4월 **20일**

휘거나 구부러지지 않고 단단하게라는 뜻의 말은 '꼿꼿이'가 맞아요. '꼿꼿이'는 '꼿꼿하다'에서 왔는데, '-하다'가 붙은 말에 'ㅅ' 받침이 있으면 '-이'로 쓰는 게 원칙이에요. '깨끗하다→깨끗이'처럼요. 그래서 '꼿꼿이'라 쓰고 [꼬꼬시]라 읽어요.

★ 꼿꼿하다 → 꼿꼿이 / 깨끗하다 → 깨끗이 (○)
★ 꼿꼿히 / 깨끗히 (X)

예문 고개를 (꼿꼿이) 들어라.
어제까지 (꼿꼿이) 서 있던 꽃이 시들었다.

하늘의 구름을 **물끄러미** 바라보았다.

9월 **10일**

물끄러미

우두커니 한곳만 바라보는 모양을 나타내는 말은 '물끄러미'가 맞아요. 아무런 생각 없이 가만히 어딘가를 쳐다보고 있을 때 쓰는 말이에요. '물끄럼이', '멀끄러미', '물끄르미' 등으로 쓰는 경우가 있으나 '물끄러미'만 표준어예요.

★ 물끄러미 (O)
★ 물끄럼이, 멀끄러미, 물끄르미 (X)

예문

심심해서 (**물끄러미**) 천장만 바라보고 있었다.
흘러가는 강물을 (**물끄러미**) 내려다보았다.

먼지떨이로 교실 구석구석을 청소했다.

4월 21일

먼지떨이

먼지를 턴다고 생각하여 '먼지털이'로 오해하는 경우가 많은데, 구석구석에 쌓인 먼지를 없애 주는 도구는 '먼지떨이'예요. '먼지떠리개, 먼지채, 먼지털이, 먼지털이개' 등으로 쓰기도 하지만 '먼지떨이' 하나만 표준어로 인정해요.

★ 먼지떨이 (○)
★ 먼지털이, 먼지털이개, 먼지떠리개 (X)

 청소는 하지 않고 (**먼지떨이**)로 장난만 치다가 혼났다.
(**먼지떨이**)로 창틀을 닦으니 먼지가 가득 나왔다.

올바른 낱말을 골라 동그라미 하세요.

4월 22일

1.  준비한 자료가 (통째로 / 통채로) 날아갔다.

2.  텔레비전을 볼 때도 허리를 (꼿꼿이 / 꼿꼿히) 펴라.

3.  축구 경기에서 우리 편이 이기기를 (바랐다 / 바랬다).

정답 ❶ 통째로 ❷ 꼿꼿이 ❸ 바랐다

바비큐는 캠핑의 꽃이다.

9월 8일

 **바비큐**

고기를 장작불이나 숯불에 구워 만드는 요리를 '바베큐' 또는 '바비큐'라고 해요. 그런데 고기가 아무리 맛있어도 글자는 바르게 써야죠? 영어 'barbecue'를 올바르게 적으면 '바비큐'예요. 흔히 '바베큐'라고 많이 말하지만, '바비큐'라고 해 주세요.

★ 바비큐 (O)
★ 바베큐 (X)

예문 숯불에 구운 (**바비큐**)는 겉이 바삭하고 속은 촉촉해서 맛있어.
온 가족이 모여 (**바비큐**) 파티를 열었다.

잔디밭에 팔베개를 하고
누우니 저절로 잠이 온다.

4월 23일

베개

잠자거나 누울 때 머리에 받치는 도구는 '베개', '벼개', '배개' 중에서 무엇일까요? 정답은 '베개'예요. '베개'는 동사 '베다'에 무엇을 하는 도구를 뜻하는 '-개'가 붙어 만들어진 말이에요. '지우개', '이쑤시개', '덮개'처럼 말이에요.

★ 베다 + 개 → 베개 (○)
★ 배게, 배개, 벼개, 베게, 비개 (X)

예문

(**베개**)를 너무 높이 베면 목이 아프다.
나는 (**베개**)를 끌어안고 자는 버릇이 있다.

드라마 주인공의
앳된 얼굴이 예쁘다.

9월 7일

앳되다

사람들은 보통 나이보다 어려 보인다고 말하면 좋아해요. 나이에 비하여 어려 보이는 느낌이 있다는 뜻으로 '앳되다'가 있어요. 문장에서 활용할 때는 앳되어(앳돼), 앳된, 앳되니처럼 쓰여요. '애띠다'는 잘못 쓴 표현이에요.

★ 앳되다 (O)
★ 애띠다 (X)

예문

선생님이 너무 (**앳되어**) 보여 전학생인 줄 알았다.
노안이라는 말을 많이 들어 (**앳되어**) 보이는 친구가 부럽다.

꽃밭에 누웠더니 꽃향기가 몸에 가득 배었다.

4월 **24일**

배다 vs 베다

'배다'와 '베다'는 각각 뜻이 아주 다양해요. '배다'는 스며들거나 스며나오다, 버릇이 되어 익숙해지다 같은 뜻이에요. '베다'는 날이 있는 물건으로 상처를 내다, 베개 따위를 머리 아래에 받치다의 뜻이에요. 그러니 꽃향기는 몸에 배는 것이 맞아요.

★ 배다 → 김칫국물이 옷에 배었다. / 거짓말이 입에 배었다.
★ 베다 → 베개를 베다. / 손을 베었다. / 풀을 베었다.

 **예문**

엄마 팔을 (베고) 누우면 기분이 좋다.
체육을 하고 나니 옷에 땀이 (배었다).

이번 시험은 왠지 잘 봤을 것 같다.

9월 6일

왠지 vs 웬

'왠지'는 '왜인지'의 줄임말로 왜 그런지 모르게라는 뜻으로 쓰여요. '왠지 오늘은 기분이 좋아.'처럼 사용해요. '웬'은 어떠한, 어찌 된이라는 뜻으로 다른 말을 꾸며 주는 말이에요. '이게 웬 떡이냐?'처럼 사용해요.

★ 왠지 → 왠지 오늘 비가 올 것 같아.
★ 웬 → 아직 더운데 웬 털장갑이니?

예문
오늘은 (왠지) 공부가 잘 돼.
우아! 이게 (웬) 피자냐?

운동장에 줄을 설 때는 양발을 어깨너비만큼 벌려라.

4월 25일

너비 VS 넓이

'너비'는 넓은 물체의 가로를 건너지른 거리를 뜻해요. 강의 이쪽저쪽 끝을 이으면 '강의 너비', 양어깨 사이만큼의 거리는 '어깨너비'가 돼요. '넓이'는 공간이나 물체의 크기를 뜻해요. 책상의 크기는 '책상 넓이', 방의 크기는 '방 넓이'가 돼요.

★ 너비 → 도로의 너비 / 강의 너비 / 양팔 너비 (길이의 개념)
★ 넓이 → 방의 넓이 / 운동장의 넓이 / 책상의 넓이 (크기의 개념)

예문 ▶ 길의 (**너비**)가 길어서 큰 차들이 많이 다닌다.
엘리베이터의 (**넓이**)는 10명이 타기에 충분하다.

난 **반드시** 국가대표 선수가 될 거다.

9월 5일

반드시 vs 반듯이

'반드시'는 틀림없이 꼭이라는 뜻이에요. '자기 전에 반드시 이를 닦아야 한다.'처럼 써요. '반듯이'는 모습이나 행동이 비뚤어지지 않고 바르게, 마음씨가 공손하고 바르게 등의 뜻이 있어요. '자리에 반듯이 앉아라.'처럼 써요.

★ 반드시 → 약속은 반드시 지켜야 한다.
★ 반듯이 → 자세를 반듯이 해라.

예문
네 꿈은 (**반드시**) 이루어질 거야.
애국가를 부를 때는 자세를 (**반듯이**) 해라.

잘못된 우리말 사용을 **지양**해야 한다.

4월 26일

지양 vs 지향

'지양'과 '지향'은 글자가 비슷해 보여도, 한자 뜻은 완전히 반대예요. '지양(止 그칠 지, 揚 오를 양)'은 더 나아지기 위해 어떤 것을 하지 않는다는 뜻이에요. '지향(志 뜻 지, 向 향할 향)'은 목표를 위해 무엇을 한다는 뜻이에요.

★ 지양 → 무엇을 하지 마라.
★ 지향 → 무엇을 해라.

예문 ▶ 남녀 차별을 (**지양**)해야 한다.
우리는 평화로운 학교를 (**지향**)해야 한다.

공부를 너무 오래 했더니 싫증 나려고 한다.

9월 **4일**

어떤 물건이나 사람이 마음에 들지 않거나 반갑지 않은 생각이 들 때 '싫증 난다.'고 해요. 이때 '싫증'은 싫어하는 생각 또는 싫은 느낌을 뜻해요. '싫다'에서 나온 말이므로 원래 말을 따라서 '실증'이 아니라 '싫증'이 맞아요.

★ 싫증 (O)
★ 실증 (X)

예문
과자도 많이 먹으니 (**싫증**)이 나는구나.
며칠째 미역국만 먹으니 (**싫증**) 나서 못 먹겠다.

육개장은 맵지만 맛있다.

4월 27일

육개장

쇠고기를 넣어 얼큰하게 끓인 '육개장'은 할아버지나 아버지가 좋아하는 음식이죠. 가끔 식당 메뉴판에 '육계장'이라고 쓰여 있지만, 올바른 표현은 '육개장'이에요. 닭고기로 끓인 국은 '닭개장'이에요.

★ 육개장 → 쇠고기로 얼큰하게 끓인 국.
★ 닭개장 → 닭고기로 얼큰하게 끓인 국.

예문

뚝배기에 (**육개장**)이 보글보글 끓었다.
아빠는 추운 날이면 (**육개장**)이 최고라고 하신다.

계절이 바뀌어 장롱에서 가을 옷을 꺼냈다.

9월 3일

옷이나 이불을 넣어 두는 가구는 '장롱'이에요. '장롱(欌 장롱 장, 籠 대바구니 롱)'은 한자어인데, 우리말 규정에 한자어의 첫머리가 'ㄹ'로 시작하면 발음이 어려워 'ㄴ'으로 바꾸지만, 첫머리가 아니라면 원래대로 적는 게 원칙이므로 '장롱'이 맞아요.

★ 장롱 (O)
★ 장농 (X)

예문 ▶ 할머니는 귀한 물건을 (장롱) 깊이 넣어 두신다.
어릴 때 숨바꼭질을 할 때면 (장롱) 안으로 숨었다.

봄이면 꽃가루 알레르기 때문에 힘들다.

4월 **28일**

알레르기

특정 음식을 먹으면 나타나는 몸의 이상 반응이나, 날씨나 환경에 따라 몸에 나타나는 이상 현상을 '알레르기(allergie)'라고 해요. '알러지'라고도 하지만 정확한 외래어 표기는 '알레르기'예요.

★ 알레르기 (O)
★ 알러지 (X)

예문

견과류 (**알레르기**)가 있어서 땅콩을 먹으면 안 된다.
꽃가루가 많은 날이면 피부에 (**알레르기**)가 나타난다.

바른 말을 찾아 길을 따라가 보세요.

이따가 만나자.

9월 1일

이따가 vs 있다가

'이따가'는 시간이 조금 지난 뒤를 나타내요. '있다가'는 어떤 동작이나 상태가 끝나고 옮겨졌다는 뜻이에요. 또 '이따가'는 정확하지 않은 시간과 함께, '있다가'는 정확한 시간이나 장소와 함께 쓰여요.

★ 이따가 → 이따가 만나. (정확하지 않은 시간이 조금 지난 뒤)
★ 있다가 ┌ 도서관에 있다가 왔어. (동작이나 상태가 끝난 뒤)
       └ 10분 있다가 기차가 도착해. (정확한 시간이 흐른 뒤)

예문
(이따가) 전화할게.
5분만 누워 (있다가) 일어나야지.

전학 간 친구를 **오랜만**에 만났다.

4월 30일

오랜만

어떤 일이 있고 나서 긴 시간이 지난 뒤라는 뜻으로 쓰이는 '오랜만'은 '오래간만'을 줄여서 쓴 말이에요. '오래간만'은 '오래(긴 시간) + 간(동안) + 만(일정 기간이 지남)'이 합쳐진 말이에요. '오랫만'이라고 잘못 쓰지 않도록 주의하세요.

★ 오래(긴 시간) + 간(동안) + 만(일정 기간이 지남) → 오래간만, 오랜만 (○)
★ 오랫만 (X)

 **예문**

(**오랜만**)에 산에 오니 어느새 초록빛이 가득하다.
사촌 동생을 (**오랜만**)에 만나서 즐겁게 놀았다.

선생님, 다음 주에 봬요.

8월 31일

봬요

아랫사람이 윗사람을 대하여 본다는 뜻의 낱말 '뵈다'가 있어요. 흔히 웃어른과 만날 때 '뵈요'와 '봬요'를 헷갈리기 쉬운데, '봬요'는 '뵈어요'를 줄여 쓴 말이에요. 그러니까 문장에서 '뵈어'를 넣어서 자연스러우면 '봬'를 써요.

★ 선생님, 내일 봬요. ('뵈어요'가 들어가도 자연스러움)
★ 할아버지를 뵌 지 두 달이 넘었어. ('뵈언지'가 들어가면 어색함)

예문 ▶ 월요일에 (**뵙겠습니다**).
오늘은 이만하고 내일 다시 (**봬요**).

5월이 오기를 오랫동안 기다렸다.

5월 1일

오랫동안

'오랜만'과 비슷하지만 조금은 달라 헷갈리는 말로 '오랫동안'이 있어요. '오랜만'은 '오래간만'을 줄여서 쓴 말이지만, '오랫동안'은 '오래'와 '동안'이 합쳐진 말이에요. 두 말이 합쳐질 때 '사이시옷'이 덧붙어 '오랫동안[오래똥안]'이 되었어요.

★ 오래 + 'ㅅ(사이시옷)' + 동안 → 오랫동안 (O)
★ 오래동안, 오랜동안 (X)

예문 봄비가 (**오랫동안**) 내려 꽃잎이 다 떨어졌다.
황사가 심해서 (**오랫동안**) 실내에서 체육을 하고 있다.

학교 급식이 뷔페로 나오면 좋겠다.

8월 30일

뷔페

다양한 요리가 가득해서 뭘 골라 먹어야 할지 고민되는 곳은 '부페'와 '뷔페' 중에서 어디일까요? 정답은 '뷔페'예요. '뷔페(buffet)'는 프랑스에서 온 말이에요. 그래서 프랑스식 발음을 한글로 옮겨 '뷔페'라고 써요.

★ 뷔페 (○)
★ 부페 (X)

예문

호텔 (**뷔페**)에 가면 나는 주로 고기를 많이 먹는다.
(**뷔페**)에서 많이 먹으려고 아침부터 굶었어.

운동회 이어달리기를 하다가 배턴을 놓쳤다.

5월 2일

배턴

이어달리기에서 아슬아슬하게 달리는 선수들을 보면 손에 땀이 나요. 이때, 앞 주자가 다음 주자에게 넘겨주는 막대기를 뜻하는 말은 '배턴'이에요. '배턴'은 영어 'baton'을 우리말로 표기한 것이고, 같은 말로 '바통'은 프랑스어를 우리말로 옮긴 것이에요.

★ 배턴, 바통 (O)
★ 바톤 (X)

예문

상대편 선수가 (배턴)을 떨어뜨려 우리가 이겼다.
내 친구가 (바통)을 넘겨받아 새 전교 회장이 되었다.

아무리 화가 나도 엄마는 나를 **해치지** 않는다.

8월 29일

해치다 vs 헤치다

'해치다'는 사람의 몸이나 마음을 다치게 하다, 손상을 입히다 등의 뜻으로 써요. '헤치다'는 모인 것을 흩어지게 하다, 앞에 걸리는 것을 물리치다 등의 뜻으로 써요. 호랑이는 토끼를 해치고, 배는 물살을 헤쳐 나가요.

★ 해치다 → 다치게 하다. / 손상을 입히다.
★ 헤치다 → 흩어지게 하다. / 걸리는 것을 물리치다.

예문
날씨가 더워 옷의 단추를 풀어 (**헤쳤다**).
흡연은 사람의 건강을 (**해친다**).

산 위에 올라가니 구름이 다 **걷혔다.**

5월 **3일**

걷히다 vs 거치다

'걷히다'는 구름이나 어둠이 흩어져 사라지다, 맑게 갠다는 뜻이에요. '구름이 걷히니 무지개가 떴다.'처럼 써요. '거치다'는 오가는 도중 어디를 지나거나 들르다, 어떤 과정을 밟는다는 뜻이에요. '초등학교를 거쳐 중학교에 간다.'처럼 써요.

★ 걷히다 → 구름이나 어둠이 사라지다. / 날씨가 맑게 개다.
★ 거치다 → 가는 도중에 어디를 들르다. / 어떤 과정이나 절차를 밟다.

 물안개가 (**걷혀야**) 강 건너가 보인다.
이 버스는 대전을 (**거쳐**) 대구로 간다.

텃밭에 호박 넝쿨 / 덩굴이 길게 자랐다.

8월 28일

넝쿨 vs 덩굴

넝쿨? 덩굴? 덩쿨? 셋 다 들어 본 말인데 뭐가 맞을까요? 땅바닥으로 퍼지거나 다른 것을 감아 오르며 길게 자라는 식물의 줄기는 '넝쿨' 또는 '덩굴'이라고 해요. 둘 다 많은 사람이 사용해서 표준어로 인정해요. 하지만 '덩쿨'은 표준어가 아니에요.

★ 넝쿨, 덩굴 (O)
★ 덩쿨 (X)

예문

담쟁이 (덩굴)이 돌담을 따라 가득 자랐다.
호박이 (넝쿨)째로 굴러온다. ('아주 운이 좋다'는 뜻의 속담)

내 동생은 엄청난 개구쟁이다.

5월 4일

개구 쟁이

'○○장이'와 '○○쟁이'가 참 헷갈리죠? '-장이'는 어떤 기술을 가진 사람, 또는 기술자의 의미가 있어요. '-쟁이'는 사람의 성질이나 특성, 행동을 나타내는 말에 쓰여요. 정리하면 기술자를 뜻하면 '-장이' 나머지는 모두 '-쟁이'예요.

★ -쟁이 → 개구쟁이, 말썽쟁이, 멋쟁이 (성질이나 특성)
★ -장이 → 석수장이, 간판장이, 대장장이 (기술을 가진 사람)

예문
우리 반에는 (말썽쟁이) 친구가 없다.
이 도끼는 (대장장이)가 정성을 들여 만들었다.

조명이 무대를 비추고 연극 시작을 알렸다.

8월 27일

비추다 vs 비치다

'비추다'와 '비치다'는 뜻이 비슷해서 헷갈리지만 다른 말이에요. '비추다'는 사물이나 장소에 빛을 보내 밝게 한다는 뜻으로, 주로 목적어(~을/를)와 함께 써요. '비치다'는 불빛 때문에 모습이 드러난다는 뜻으로, 주로 주어(~이/가)와 함께 써요.

★ 비추다 → 햇빛이 창문을 비추었다. (목적어와 함께)
★ 비치다 → 거울에 내 얼굴이 비쳤다. (주어와 함께)

예문 ▶ 가로등이 어두운 골목을 (비추어) 준다.
불을 켜니 그림자가 (비쳤다).

어린이날 기념으로
초콜릿 선물을 받았다.

5월 5일

초콜릿

달콤한 유혹, 입안에 넣으면 사르르 녹아 온몸을 달콤하게 만들어 주는 맛. 하지만 '초콜렛', '초코렛', '초콜릿' 뭐가 맞을까요? 정확한 표현은 '초콜릿(chocolate)'이에요. 외래어 표기법에서는 '초콜릿'만 올바른 것으로 인정해요.

★ 초콜릿 (O)
★ 초콜렛, 초코렛, 쪼꼬렛 (X)

예문
이 빵집은 (**초콜릿**) 빵으로 유명한 곳이야.
마라탕 맛 (**초콜릿**)도 있을까?

올바른 낱말을 골라 동그라미 하세요.

1.  어디서 갑자기 (돌맹이 / 돌멩이)가 날아왔다.

2. 거울을 보시오. 며칠 씻지 않은 내 모습이 (흉측해 / 흉칙해) 보였다.

3.  입안에 붕어빵을 한가득 (우겨 / 욱여)넣었다.

바른 말을 찾아 징검다리를 건너가 보세요.

출발!

오랜만에 · 바톤

오랫만에 · 오랫동안

오랜동안 · 배턴

개구장이

초콜렛 · 초콜릿

개구쟁이

도착!

5월 6일

정답: 오랜만에 → 오랫동안 → 배턴 → 초콜릿 → 개구쟁이

개학을 앞두고 선생님께 안부 메시지를 보냈다.

8월 25일

메시지

휴대 전화로 정보나 상황을 알릴 때 문자 '메세지'를 보내요. 하지만 정확한 표현은 '메시지'예요. 영어 'message'는 우리말로 쓸 때 '메시지'로 써요. '메시지'에는 문학이나 예술 작품이 담고 있는 교훈, 어떤 사실을 알리거나 주장하기 위해 보내는 말이라는 뜻도 있어요.

★ 메시지 (O)
★ 메세지 (X)

예문
공익 광고는 환경 보전의 (메시지)를 전하고 있다.
이 그림은 학교 폭력 예방에 관한 (메시지)를 담고 있다.

내 짝은 눈썹이 초승달을 닮았다.

두 눈과 이마 사이에 가로로 난 짧은 털은 '눈섭'일까요, '눈썹'일까요? 아주 옛날에는 '눈섭'으로 썼어요. 그 후에 사람들이 [눈썹]으로 읽어 '눈썹'으로 굳어졌어요. '눈썹도 까딱하지 않다.'는 아주 태연하게 아무렇지 않다는 뜻이에요.

★ 눈썹 (O)
★ 눈섭 (X)

언니가 (눈썹)을 치켜뜨며 화냈다.
갑자기 번개가 쳐도 (눈썹)도 까딱하지 않는다.

공포 영화 속 귀신의 모습이 흉측했다.

8월 24일

> 거울을 보시오.

흉측하다

여름에는 공포 영화가 제격이지만, 귀신의 모습은 정말 쳐다보기도 싫어요. 이처럼 생김새가 흉하고 혐오스럽다는 뜻의 말은 '흉측하다'예요. '흉칙하다'는 표준어로 인정되지 않으니 '흉측하다'로 써야 해요.

★ 흉측하다 (O)
★ 흉칙하다 (X)

예문

(**흉측하게**) 생긴 괴물이 나타났다.
얼굴이 못났다고 해서 마음까지 (**흉측**)한 건 아니야.

어버이날이라 오늘 설거지는 내가 했다.

5월 8일

그릇을 씻어 정리하는 일을 '설거지'라고 해요. '설겆이' 또는 '설걷이'라고 잘못 쓰기도 하는데 올바른 표현은 '설거지' 하나뿐이에요. 또 '설거지'는 비가 오려고 할 때 비에 맞으면 안 되는 물건을 거두어들이는 일을 뜻하기도 해요.

★ 설거지 (O)
★ 설겆이, 설걷이 (X)

예문 일주일에 한 번씩 부모님을 도와 (**설거지**)를 한다.
갑자기 비가 내려 마당 (**설거지**)를 하느라 혼났네.

붕어빵을 입안 가득
욱여넣었다.

8월 23일

욱여넣다

바깥에서 안으로 밀어 넣는다는 뜻으로 '욱여넣다'가 있어요. 무언가를 우겨서 넣는다고 생각하여 '우겨넣다'라고 쓰는 경우가 많지만, 정확한 표현은 '욱여넣다'예요. 무언가를 억지로 많이 집어넣는 상황에 쓰는 표현이에요.

★ 욱여넣다 (O)
★ 우겨넣다 (X)

예문
가방에 책을 (**욱여**)넣었더니 너무 무겁다.
다람쥐가 입안에 도토리를 (**욱여**)넣는다.

할아버지께서 아기를 보고 **빙그레** 웃으셨다.

5월 **9일**

빙그레

입을 약간 벌리고 소리 없이 부드럽게 웃는 모양을 '빙그레'라고 해요. 이 말은 '빙글빙글'의 '빙글'에 '어'가 결합된 말인데, 옛날에는 '빙그러'라고 썼어요. 그러다가 차츰 '빙그레'로 바뀌어 지금까지 사용하고 있어요.

★ 빙글 + 어 → 빙그러 → 빙그레 (O)
★ 빙그래 (X)

예문 엄마가 (**빙그레**) 미소 지어 주면 기분이 좋다.
화 내지 말고 (**빙그레**) 웃어 보아요.

축구 선수가 상대 수비수를 제치고 골을 넣었다.

8월 22일

제치다

'앞사람을 제꼈다.'처럼 '제끼다'라는 말을 많이 써요. 하지만 이는 잘못된 표현이고 '제치다'가 맞아요. '제치다'는 거치적거리지 않게 처리하다, 일을 미루다, 경쟁 상대보다 우위에 서다 등의 뜻이 있어요.

★ 제치다 → 많은 사람을 제치고 앞으로 갔다.
  → 숙제는 제쳐 두고 게임만 한다.
  → 참가자를 제치고 내가 이겼다.

예문 ▶ 답답한 커튼을 (**제치니**) 바람이 방으로 들어왔다.
같이 달리던 선수를 모두 (**제치고**) 선두로 나왔다.

부모님께 드릴 선물을 예쁜 포장지에 **쌌다.**

5월　　**10일**

쌌다 vs 쌓다

'쌌다'는 물건을 포장하다, 똥이나 오줌을 참지 못해 누다는 뜻인 '싸다'의 과거형이에요. '쌓다'는 여러 개의 물건을 포개어 얹는다는 뜻이에요. 그러니까 포장은 예쁘게 싸고, 여러 개의 선물 상자는 위로 쌓는 거예요.

★ 싸다(쌌다) → 가방에 짐을 싸다. / 오줌을 쌌다.
★ 쌓다 → 상자를 위로 쌓다. / 블록을 쌓다.

예문 어릴 때 오줌을 참다가 바지에 (**쌌다**).
집 앞에 택배 상자가 높게 (**쌓여**) 있다.

물수제비를 떠 보려고
납작한 돌멩이를 골랐다.

8월 21일

돌멩이

잔잔한 물 위에 동글납작한 돌을 던지면 통통 튀기며 물수제비가 떠져요. 이때 던지는 돌덩이보다 작은 돌을 '돌멩이'라고 해요. 보통 크기가 작은 돌을 가리켜요. 같은 뜻으로 '돌맹이'라고 하는 경우가 있지만 '돌멩이'만 표준어로 인정해요.

★ 돌멩이 (○)
★ 돌맹이 (X)

 **예문**

매끈한 (돌멩이)를 주워 강물에 던졌다.
(돌멩이)에 걸려 넘어져서 무릎에 피가 나.

어린이날에 받은 변신
로봇이 벌써 고장 났다.

5월 **11일**

로봇

인간과 비슷한 모습으로 걷기도 하고 말도 하며 때로는 변신도 하는 기계 장치는 '로봇'이에요. 영어 'robot'을 우리말로 옮겨 쓴 외래어예요. '로보트'라고 쓰고 읽는 경우가 있는데 잘못된 표현이에요. 장난감 로보트가 아니라 로봇이 맞아요.

★ 로봇 (O)
★ 로보트 (X)

예문

어릴 때 산 변신 (로봇)을 아직도 갖고 논다.
앞으로는 공장에서 (로봇)이 사람 대신 많은 일을 할 것이다.

사탕을 한 움큼 쥐고 주머니에 넣었다.

8월 20일

움큼

'흙을 한 움큼 집는다.', '머리카락을 한 움큼 잡는다.'에서 '움큼'은 손으로 한 줌 움켜쥔 만큼의 분량을 뜻해요. 손으로 한 번 집을 정도니까 많지 않은 양이죠. 좀 더 작은 느낌으로 '옴큼'이라고도 해요. 하지만 '웅큼', '옹큼'은 틀린 말이에요.

★ 움큼, 옴큼 (O)
★ 웅큼, 옹큼 (X)

 **예문**
화가 난 엄마에게 웃음을 한 (**움큼**) 갖다주고 싶다.
솜사탕을 한 (**움큼**) 뜯어 입에 넣었다.

마트에 가면 맛보기로 먹을 음식이 많다.

5월 12일

마트에 가면 만두, 어묵, 고기 등 여러 가지 맛보기 음식이 있어요. '맛보기'는 맛을 보기 위해 조금 내놓은 음식, 또는 어떤 일을 하기 전에 시험 삼아 해 보는 것을 뜻해요. 사투리로 '맛배기'라고도 하지만 표준어가 아니에요.

★ 맛보기 (○)
★ 맛배기, 맛뵈기 (X)

예문 ▶ 개업한 중식당에서 (맛보기)로 탕수육을 나눠 주었다.
백의 자리 곱셈을 하기 전에 (맛보기)로 구구단을 외워 보자.

빈칸에 들어갈 알맞은 말을 <보기>에서 골라 쓰세요.

보기: 계양, 메밀, 주스, 모밀, 쥬스, 게양

1.  오렌지 (   ) 한 잔 주세요.

2.  아침 일찍 일어나 태극기를 (   )했다.

3.  살얼음이 낀 (   )국수가 맛있겠다.

8월 19일

정답 ❶ 주스 ❷ 게양 ❸ 메밀

다음 문장에서 밑줄 친 부분이 맞으면 O, 틀리면 X 하세요.

1.

뽀득뽀득 <u>설겆이</u>를 깨끗이 하자.

5월

13일

2.

예쁜 포장지에 <u>쌓인</u> 선물을 받으면 기분이 좋아진다.

3.

동생이 내 <u>로봇</u> 장난감을 부쉈어.

정답: ❶ X ❷ X ❸ O

시원하고 쫄깃한 **메밀**국수가 맛있다.

8월 **18일**

메밀

메밀? 모밀? 둘이 서로 다른 걸까요? 가루를 내어 국수나 묵을 만들어 먹는 식물의 이름은 '메밀'이에요. 식당에서는 '모밀'이라고도 많이 쓰는데, '메밀'만 표준어로 인정돼요. 그러니 '모밀국수'가 아니라 '메밀국수'가 맞아요.

★ 메밀 (O)
★ 모밀 (X)

할머니가 쑤어 주신 (메밀)묵이 먹고 싶다.
(메밀)꽃은 하얀 눈송이 같다.

생일날에는 결코 미역국이 빠질 수 없다.

5월 14일

 **결코**

우리말에는 부정 표현에만 써야 하는 말들이 있어요. '결코', '절대', '전혀', '미처' 등이 그런 말이에요. '결코 ~ 할 수 없다', '절대 ~ 하면 안 된다', '전혀 ~ 아니야', '미처 ~ 못 했다' 등으로 써야 해요. 생일날 미역국은 '결코' 빠질 수 없죠.

★ 결코 → 결코 내가 한 게 아니야. / 미처 → 미처 못 가져왔어.
★ 절대 → 절대 안 돼. / 전혀 → 전혀 모르겠다.

예문 수업 시간에 (**절대**) 소리 지르면 (**안 돼**).
내가 너를 좋아한다니, (**결코**) 아니다.

삼겹살은 상추에 싸 먹어야 맛있다.

8월 17일

 상추

쌈장에 찍어 먹어도 맛있고, 고기를 먹을 때 꼭 필요한 채소는 바로 '상추'예요. 원래는 '상치'였는데 1989년에 표준어가 '상치'에서 '상추'로 바뀌었어요. 아직도 어른들은 '상치'라고 말하기도 해요.

★ 상추 (O)
★ 상치 (X)

예문 (상추)쌈을 입안 가득 넣었다.
텃밭에 심은 (상추)가 잘 자란다.

선생님께 드릴 **빨간색** 카네이션을 만들었다.

5월　　　　　　　　　　　　　　　　　　　　　**15일**

빨간색

'빨간색'과 '빨강색' 둘 다 맞는 거 아니냐고요? 피나 익은 고추처럼 밝고 짙은 붉은색을 '빨간색'이라고 해요. '빨강'은 빨간 빛깔이나 물감을 뜻해요. '빨강' 속에 이미 색의 뜻이 있어서 '빨강색'이라고 하면 틀려요.

★ 빨간색, 빨강 / 노란색, 노랑 (O)
★ 빨강색 / 노랑색 (X)

예문

내 생일을 달력에 (**빨간색**)으로 칠했다.
병아리 그림은 (**노란색**)으로 칠했다.

시원한 레몬 주스를 마시며 땀을 식혔다.

8월 16일

주스

딸기○○, 레몬○○, 오렌지○○. 빈칸에 공통으로 들어갈 말은 바로 '주스'예요. 과일을 갈아 더운 날 시원하게 마실 수 있게 만든 음료는 '쥬스'가 아니라 '주스'예요. 영어 'juice'를 우리말로 옮긴 것이에요.

★ 주스 (O)
★ 쥬스 (X)

예문
나는 토마토 (주스)를 가장 좋아해.
여름에는 시원한 수박 (주스)가 최고지.

화단에 장미가 피어
온통 붉은빛을 띠었다.

5월 **16일**

띠다 vs 띄다

'띠다'는 빛깔이나 색채를 가지고 있다, 어떤 성질을 가지다, 감정이나 기운이 나타나다 등의 뜻이 있어요. '띄다'는 '뜨이다'를 줄여 쓴 말로 무엇이 눈에 두드러지게 보인다는 뜻이에요. 활짝 핀 장미로 화단이 온통 붉은빛을 가진 것이므로 '띠었다'가 맞아요.

★ 띠다 → 얼굴에 미소를 띠다. / 잘 익은 매실이 초록빛을 띠었다.
★ 띄다(뜨이다) → 빨간 옷이 눈에 띈다. / 일기장에 틀린 글자가 눈에 띄었다.

수많은 사람 중에 엄마가 바로 눈에 (띄었다).
오렌지 주스는 산성 성질을 (띤다).

광복절에는 집집마다 태극기를 *게양*해야 한다.

8월 15일

게양

광복절, 개천절 등 국경일에는 집집마다 태극기를 달아야 해요. 이렇게 기 따위를 높이 거는 일을 '게양'이라고 해요. '국기 게양', '태극기 게양'처럼 써요. 혼동하여 '개양', '계양'처럼 쓰기도 하지만 모두 틀린 말이에요.

★ 게양 (○)
★ 개양, 계양 (X)

예문 올림픽에는 세계 여러 나라의 국기가 (게양)된다.
애국가가 울려 퍼지고 태극기가 (게양)되었다.

길가에 버려진 쓰레기를 보고 **눈살**을 찌푸렸다.

5월 **17일**

두 눈썹 사이에 잡힌 주름을 뜻하는 말은 '눈살'이 맞아요. 읽을 때 [눈쌀]로 소리 나서 '눈쌀'로 잘못 적는 경우가 많은데 주의해야 하는 말이에요. 또 '눈살'은 눈에 힘을 주고 쏘아보는 느낌이라는 뜻으로도 쓰여요.

★ 눈살 (O)
★ 눈쌀 (X)

길거리에서 담배를 피우는 어른들은 (**눈살**)을 찌푸리게 한다.
내 발에 걸려 넘어진 친구가 나에게 (**눈살**)을 쏘아 댔다.

음식점에서 아빠가 카드로 음식값을 **결제**했다.

8월 **14일**

결제 vs 결재

'결제'는 물건을 사고팔며 돈을 지불하여 거래를 끝맺는 것을 의미해요. '결재'는 결정할 권한이 있는 상관이 부하가 제출한 서류를 검토하여 허가한다는 뜻이에요. 두 말의 모양과 소리는 비슷해도, 뜻은 다르니 잘 구별하세요.

★ 결제 → 물건값을 결제하다.
★ 결재 → 서류를 결재하다.

예문

우리 집 행사는 엄마의 (**결재**)가 있어야 할 수 있다.
팥빙수를 사 먹고 엄마가 현금으로 (**결제**)했다.

군것질을 많이 해서 엄마에게 혼났다.

5월 18일

 끼니 외에 과자 따위의 음식을 먹는 것을 '군것질'이라고 해요. '군것질'에서 '군-'은 원래 있던 데에서 필요 없이 덧붙은 것을 나타내요. '군말'은 하지 않아도 되는 말, '군불'은 방을 데우려고 피우는 불을 뜻해요. '궁것질'은 틀린 표현이에요.

★ 군것질, 군불, 군식구, 군기침 (O)
★ 궁것질 (X)

 (군것질)을 많이 해서 밥맛이 없어.
치과 의사 선생님이 (군것질)을 많이 하지 말랬어.

갑자기 소나기가 쏟아지고 하늘에서 **우레**가 쳤다.

8월 **13일**

우레

하늘에서 번개가 번쩍, 천둥소리가 콰르릉! 이렇게 천둥과 번개가 내리칠 때 하늘이 요란하게 울리는 소리를 '우레'라고 해요. 보통 '우레와 같은 함성이 들린다.'처럼 써요. '우레'는 순우리말인데 한자어로 잘못 알고 있는 사람이 많아요. '우뢰'는 잘못된 표현이에요.

★ 우레 (O)
★ 우뢰 (X)

예문

홈런이 터지자 (**우레**) 같은 함성이 쏟아져 나왔다.
연주가 끝나자 (**우레**)와 같은 박수 소리가 들렸다.

이 배지는 우리 팀 우승 기념 선물이다.

5월 19일

배지

신분을 나타내거나 어떤 일을 기념하기 위해 옷이나 모자 등에 붙이는 물건은 '배지(bedge)'라고 해요. 빛나는 배지를 달고 있으면 정말 멋있죠. 그런데 이 말을 '뱃지', '뺏지', '빼찌' 등으로 쓰는 경우가 많은데 모두 틀린 표현이에요.

★ 배지 (○)
★ 뱃지, 뺏지, 빼찌, 뱃쥐 (X)

예문 ▶ 군인이셨던 할아버지 모자에는 멋진 (배지)가 달려 있다.
(배지)의 명예에 걸맞게 행동해야 한다.

빈칸에 들어갈 알맞은 말을 찾아 선으로 이으세요.

8월 12일

1. 바닷가 경치가 ( ) 좋다.
   - 귀막히게
   - 기막히게

2. 오늘은 반드시 좋은 일이 생길 것 ( ).
   - 같아
   - 같애

3. 더워도 이불은 ( ) 자야지.
   - 덥고
   - 덮고

정답 ❶ 기막히게 ❷ 같아 ❸ 덮고

빈칸에 들어갈 알맞은 말을 찾아 선으로 이으세요.

5월 20일

1. 빨간불에 길을 건너면 ( ) 안 돼.

2. 저 멀리서 내 친구가 눈에 ( ).

3. 식당에서 뛰어다니는 아이들 때문에 ( )을 찌푸렸다.

- 절대
- 반드시
- 띠었다
- 띄었다
- 눈살
- 눈쌀

정답: ① 절대 ② 띄었다 ③ 눈살

모기가 앵앵거려서 이불을 **덮고** 잤다.

8월 **11일**

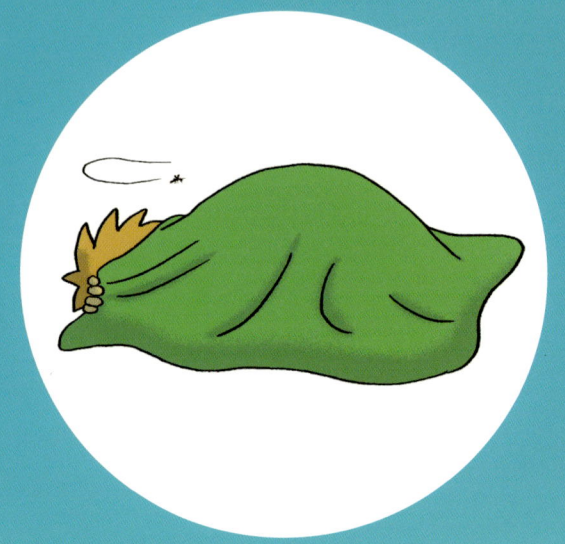

덮다 vs 덥다

'덮다'는 어떤 사물을 완전히 가려 보이지 않게 하는 것, 또는 뒤집어서 보이지 않게 한다는 뜻으로 써요. '덥다'는 온도가 보통 이상으로 높음을 나타내는 말이에요. 모기가 앵앵거리는 밤에는 더워도 이불을 덮고 자야 해요.

★ 덮다 → 흙을 덮다. / 뚜껑을 덮다.
★ 덥다 → 날씨가 덥다. / 방이 덥다.

예문 한여름 날씨가 너무 (**덥다**).
갑자기 먹구름이 하늘을 (**덮었다**).

친구와 함께 숙제하다가 공책이 서로 **바뀌었다.**

5월 **21일**

바뀌었다

'바뀌다'가 과거를 나타내는 '었'과 결합하면 '바뀌었다'가 돼요. '계획이 바뀌었다.'처럼 써요. 그런데 '바뀌었다'를 빨리 읽으면 '바꼈다'로 소리 나는데, 그렇다고 '바꼈다'로 쓰면 틀려요. 오직 '바뀌었다'만 바른 맞춤법이에요.

★ 바뀌다 + 었(과거) → 바뀌었다 (O)
★ 바꼈다 (X)

예문
5월이 지나며 날씨가 많이 (바뀌었다).
갑자기 계획이 (바뀌었어).

이번 여름은 날씨가 정말 더운 것 같아.

8월 10일

'같다'는 문장에서 쓸 때 같고, 같으면, 같아서처럼 바꾸어 활용해요. '같다'에 문장의 끝에 붙이는 '-아'가 붙어서 '같아'가 만들어져요. 하지만 '같애'는 틀린 말이에요. '좋다'가 '좋아'로 바뀔 수는 있어도 '좋애'로 바뀌지 않는 것처럼요.

★ 같다 + -아 → 같아 / 좋다 + -아 → 좋아 (○)
★ 같애 (X)

예문
날씨가 정말 찜질방 (**같아**).
왠지 오늘이 토요일 (**같아**).

내 짝이 처음으로 여자 친구를 **사귀었다.**

5월 22일

사귀었다

'사귀다'가 과거를 나타내는 '었'과 결합하면 '사귀었다'가 돼요. '좋은 친구를 사귀었다.'처럼 써요. 그런데 '사귀었다'를 빨리 읽으면 '사겼다'로 소리 나는데, 그렇다고 '사겼다'로 쓰면 틀려요. 앞에서 배운 '바뀌었다'와 비슷한 경우예요.

★ 사귀다 + 었(과거) → 사귀었다 (O)
★ 사겼다 (X)

 오랫동안 (**사귀었던**) 정든 친구야 안녕!
이모와 이모부는 꽤 오래 (**사귀었다**).

잘 모르는 길도
내비게이션이 안내해 준다.

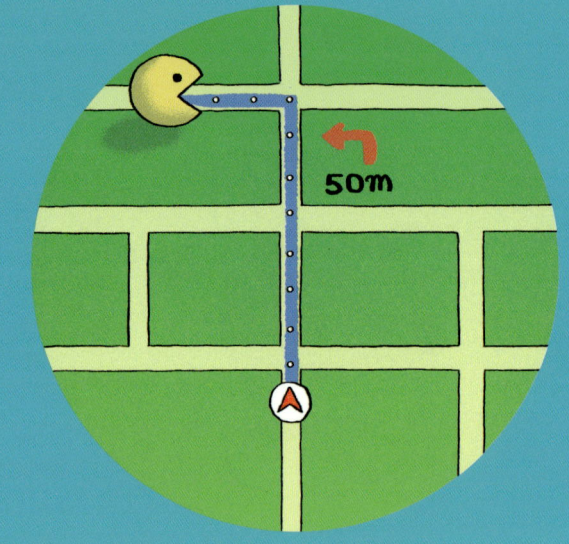

8월   9일

내비게이션

가족끼리 여행 갈 때 처음 가는 곳도 '내비게이션'이 있으면 걱정 없어요. 영어 'navigation'은 외래어 표기 원칙에 따라 '내비게이션'으로 적어야 해요. '네비게이션', '내비개이션' 등 헷갈리지만 '내비게이션'으로 정확히 길을 찾아가세요.

★ 내비게이션 (○)
★ 네비게이션, 내비개이션, 네비개이션 (X)

예문 처음 가는 길이라 (**내비게이션**)을 켜고 갔다.
(**내비게이션**)에서 안전 운전 안내가 나왔다.

아이들이 토끼처럼 깡충깡충 뛰었다.

5월 23일

예전에는 '깡총깡총'이 표준어였지만 지금은 '깡충깡충'으로 바뀌었어요. 짧은 다리를 모아 힘 있게 솟구쳐 뛰는 모양을 흉내 낸 말로 '강중강중'이 있어요. 좀 더 센 느낌은 '깡쭝깡쭝', 더 거센 느낌은 '깡충깡충'이에요.

★ 강중강중 < 깡쭝깡쭝 < 깡충깡충 (O)
★ 강종강종, 깡쫑깡쫑, 깡총깡총 (X)

예문 ▶ (**깡충깡충**) 뛰는 아기 모습이 귀엽다.
선물을 받고 좋아서 (**깡충깡충**) 뛰었다.

생라면을 부숴 먹었다.

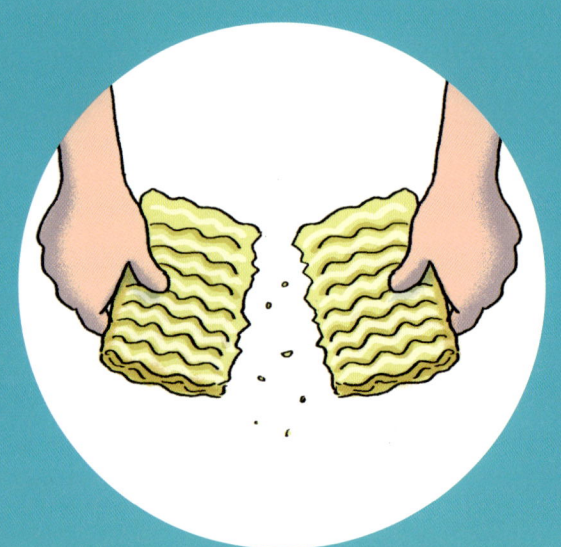

8월 8일

부수다 vs 부시다

라면은 '부숴' 먹어야 할까요, '부셔' 먹어야 할까요? 정답은 '부숴' 먹어야 해요. '부수다'는 물건을 두드려서 깨뜨린다는 뜻이에요. '부시다'는 그릇을 씻어 깨끗하게 하거나, 빛이 강해 바라보기 어렵다는 뜻이에요. 라면은 부숴 먹고, 그릇은 깨끗이 부셔 놓아야 해요.

★ 부수다 → 부수고, 부숴, 부숴서
★ 부시다 → 부시고, 부셔, 부셔서

 태권도 고수가 벽돌을 맨손으로 (**부순다**).
햇빛 때문에 눈이 (**부시다**).

뻐꾸기 시계가
뻐꾹뻐꾹 시간을 알린다.

5월 **24일**

뻐꾹뻐꾹 울어서 이름이 붙여진 새는 '뻐꾸기'예요. 뻐꾹뻐꾹 하고 운다고 '뻐꾹이'로 잘못 알 수도 있지만 정확한 표현은 '뻐꾸기'예요. 요즘 도시에서는 보기 어렵지만, 여름에 우리나라로 와 다른 새의 둥지에 몰래 알을 낳는 것으로 유명하죠.

★ 뻐꾸기 (O)
★ 뻐꾹이 (X)

예문 산에서 (**뻐꾸기**) 소리가 뻐꾹뻐꾹 들린다.
(**뻐꾸기**)는 남의 둥지에 몰래 알을 낳고 간다.

놀다가 하마터면 약속에 늦을 뻔했다.

8월 7일

하마터면

'하마트면'이라고 아는 사람이 많지만 자칫 조금만 잘못하였더라면 을 뜻하는 말은 '하마터면'이에요. '하마터면'은 주로 '-ㄹ 뻔하다'와 함께 쓰여서 실제로 일어나지 않았지만, 일어날 수 있었던 결과를 나타내요. 이 책을 안 봤으면 하마터면 맞춤법을 틀릴 뻔했죠?

★ 하마터면 (O)
★ 하마트면 (X)

예문 ▶ 우산이 있어 다행이지 (**하마터면**) 옷이 다 젖을 뻔했어.
태풍에 (**하마터면**) 지붕이 날아갈 뻔했다.

우리나라 **출산율**이 낮다는 뉴스가 계속 나온다.

5월 25일

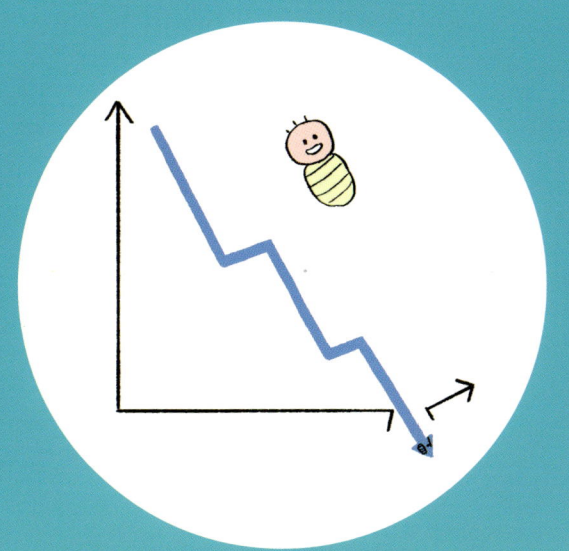

-률 vs -율

'-률' 또는 '-율'은 다른 말 뒤에 붙어서 비율의 뜻을 나타내요. 그런데 어떤 말 뒤에 붙느냐에 따라 글자가 달라져요. 앞 글자에 받침이 없거나 'ㄴ' 받침이 오면 '-율'을 써요. 그 외의 경우에는 모두 '-률'로 적어요.

★ 출산율, 할인율, 백분율, 비율, 환율 (앞 글자 받침이 없거나 'ㄴ' 받침)
★ 합격률, 출석률, 참석률, 성공률, 능률 (그 외의 경우)

예문 ▶ 이번 시험은 어려워서 합격 (**비율**)이 낮을 거야.
우리 반은 (**출석률**)이 아주 높아.

새로 나온 아이스크림이 기막히게 맛있다.

8월 6일

기막히다

기(氣 기운 기)는 사람에게 나오는 기운이에요. 그런데 몸에 흐르는 기가 막히면 숨을 쉴 수 없거나 말을 못 하게 돼요. 그러니 '기막히다'는 너무 놀랍거나 기분이 나쁠 때도, 놀랍도록 대단한 것을 보았을 때도 쓰여요. 막히는 것이 '귀'가 아니라 '기'예요.

★ 기막히다 (O)
★ 귀막히다 (X)

예문 (기막힌) 아이디어가 떠올랐어!
이 집 떡볶이는 정말 (기가) 막혀.

공원에 아기들이 많이 뛰어논다.

5월 **26일**

아기

'아이'를 줄여서 '애'라고 하지만, '아기'를 '애기'로 적는 건 틀려요. '우리 애기'처럼 흔히 말하지만 맞춤법에서는 '아기'만 인정하니 반드시 '아기'로 써야 해요. 어린아이를 가리키는 말로 '아가'도 바른 표현이에요.

★ 아이(애), 아기, 아가 (○)
★ 애기 (X)

예문

삼촌의 (아기) 이름은 보미야.
(아기)가 까르르 웃으니 나도 기분 좋아.

다음 문장에서 밑줄 친 부분이 맞으면 O, 틀리면 X 하세요.

8월 5일

1. 내 생일을 **손꼽아** 기다린다.

2. 어릴 적에 할머니가 많이 **엎어 주신** 기억이 난다.

3. 지하실은 대낮에도 햇빛이 안 들어와 어두웠다.

 X

정답: ❶ O ❷ X ❸ O

빈칸에 들어갈 알맞은 말을 <보기>에서 골라 쓰세요.

보기: 아기, 합격율, 바꼈어, 애기, 바뀌었어, 합격률

1.  너랑 나랑 공책이 (   ).

2. 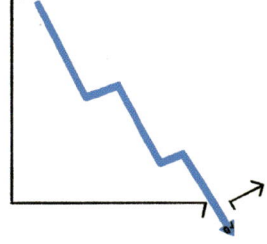 이번 시험의 (   )이 매우 낮구나.

3.  (   )들이 뛰어 노는 모습이 예뻐.

요즘 좋아하는 연예인이 생겼다.

8월 4일

연애 vs 연예

연애? 연예? 비슷해 보여도 다른 말이에요. '연(戀 사모할 연), 애(愛 사랑 애)'는 서로 사랑하여 사귄다는 뜻이에요. '연(演 펼 연), 예(藝 재주 예)'는 재주를 펼친다는 뜻이에요. 보통 연기나 노래, 춤 등을 공연하는 일을 뜻해요.

★ 연애 → 연애 편지 / 연애 감정
★ 연예 → 연예인 / 연예계

총각 귀신은 (**연애**) 한번 못 해 보고 죽었다.
요즘 (**연예**) 프로그램에 가수들이 많이 나온다.

이번 시험을 대비해서 **열심히** 공부했다.

5월 28일

어떤 일에 정성이나 노력을 다한다는 뜻으로 쓰이는 말은 '열심히'예요. '이'와 '히'가 헷갈리는 말들이 많은데 맞춤법 규정에는 [이]로 소리 나는 낱말은 '이'로, [이], [히]로 소리 나는 낱말은 '히'로 적도록 하고 있어요.

★ '이'로 적는 것 → 깨끗이, 따뜻이, 반듯이, 가까이, 틈틈이
★ '히'로 적는 것 → 열심히, 솔직히, 꼼꼼히, 조용히, 상당히

예문
(열심히) 노력하는 사람이 결국 이겨.
(열심히)만 한다고 되니? 제대로 해야지.

우는 동생을 **업어** 주었다.

8월 3일

업다 vs 엎다

'업다'는 등에 대고 손으로 붙잡거나 동여매어서 붙어 있게 하는 동작을 뜻해요. '엎다'는 물건을 거꾸로 돌려 위가 밑을 향하게 하거나 속에 든 것을 쏟아지게 하는 동작을 뜻해요. 그러니까 아기는 등에 업어야지, 엎으면 큰일 나겠죠?

★ 업다 → 아기를 업다. / 등에 업다.
★ 엎다 → 그릇을 엎다. / 항아리를 엎다.

예문
다리 다친 친구를 (**업고**) 왔다.
국그릇을 (**엎어서**) 발을 데었다.

이 문제 좀 **가르쳐** 줘.

5월 **29일**

가르치다 vs 가리키다

'가르치다'는 다른 사람에게 모르는 것을 알려 주는 일을 말해요. 친구에게 지식이나 정보를 가르쳐 주는 것이죠. '가리키다'는 손가락으로 대상을 짚어 보이는 행동을 말해요. '가르키다'는 틀린 말이어서 쓰면 안 돼요.

★ 가르치다 → 친구에게 수학 공식을 가르쳐 줬다.
★ 가리키다 → 하늘을 가리키다.

예문 힘들게 (**가르쳐**) 놨더니 30점이 뭐야?
네가 사고 싶은 것을 (**가리켜**) 봐.

제주도에서 렌터카를 타고 신나게 다녔다.

8월 2일

렌터카

빌려 쓰는 자동차라는 뜻의 낱말은 '렌터카'가 맞아요. 이 개념이 우리나라에 들어오면서 '렌터카(rent a car)'라고 불리기 시작했어요. 이를 굳어진 말로 인정하여 '렌터카'가 표준어로 정해진 거예요. 렌터카를 타고 신나게 여행해 보세요.

★ 렌터카 (○)
★ 렌트카, 렌탈카 (X)

예문 제주도에는 (**렌터카**)가 정말 많아.
아빠는 공항에 내리자마자 (**렌터카**)를 빌렸다.

너랑 나랑 생각이 다른 것 같아.

5월 30일

다르다 vs 틀리다

'다르다'와 '틀리다'는 정말 다른데 잘못 쓰는 사람이 많아요. '다르다'는 서로 같지 않다는 뜻이고, '틀리다'는 사실과 맞지 않거나 잘못되었다는 뜻으로 쓰여요. 친구와 생각이 다를 수는 있지만, 그 친구에게 생각이 틀렸다고 말하면 안 되겠죠?

★ 다르다 → 친구와 나는 생김새가 다르다.
★ 틀리다 → 3×3=8이라고 하면 틀려.

 참외와 멜론은 (다르다).
이 문장에는 (틀린) 맞춤법이 세 개나 있어.

전국 방방곡곡을 다니며 여행하고 싶다.

8월 1일

돌아다니는 곳을 뜻하니 왠지 '방방곳곳'이 맞을 것 같지만 틀렸어요. '방방곡곡'은 '방(坊 동네 방)'과 '곡(曲 구석 곡)'이 합해져서 한 군데도 빠짐없는 모든 곳을 뜻해요. 쉽게 말해 동네 구석구석을 빠짐없이 다 돌아다닌다는 뜻이에요.

★ 방방곡곡 (O)
★ 방방곳곳 (X)

예문 ▶ 김정호는 (**방방곡곡**)을 다녀 대동여지도를 완성했다.
범인을 잡기 위해 (**방방곡곡**)을 뒤졌다.

다친 발이 다 나아서
이제 운동해도 돼.

5월 31일

낫다 vs 낳다

'낫다'는 병이나 상처가 치유되다, 보다 좋거나 앞선다는 뜻이에요. 문장에서 쓸 때 낫고, 나아, 나으면처럼 활용해요. '낳다'는 배 속의 아이, 새끼, 알을 몸 밖으로 내놓는다는 뜻이에요. 문장에서 쓸 때 낳고, 낳아, 낳으면처럼 써요.

★ 낫다 → 병이 나았다. / 동생보다 내가 낫다.
★ 낳다 → 닭이 알을 낳았다. / 판다가 새끼를 낳았다.

예문 ▶ 독감이 다 (**나아야**) 학교에 간다.
동물원에 호랑이가 새끼를 (**낳았대**).

여행 날을 손으로 **꼽아** 보니 얼마 남지 않았다.

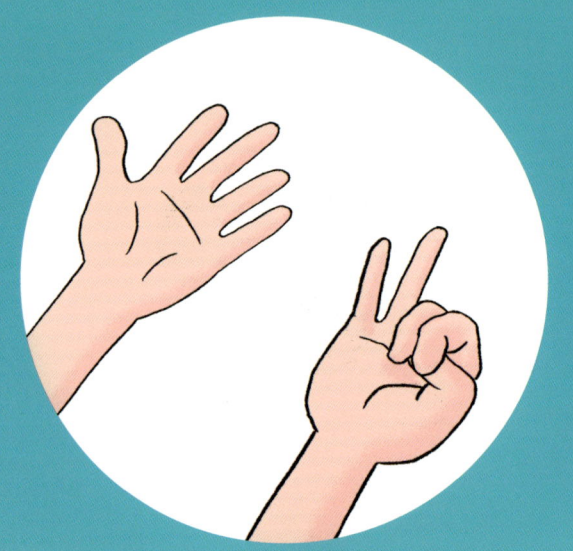

7월　　　　　　　　　　　　　　　　　　　　**31일**

'꼽다'는 숫자나 날짜를 손가락으로 헤아리며 셀 때 쓰는 말이에요. '손가락을 꼽으며 생일을 기다렸다.'처럼 써요. '꽂다'는 박아서 끼우다 또는 던져서 박히게 한다는 뜻이에요. '꽃병에 꽃을 꽂다.', '강슛이 골문에 꽂혔다.'처럼 써요.

★ 꼽다 → 공부를 한 날이 손에 꼽을 정도다.
★ 꽂다 → 산 꼭대기에 태극기를 꽂았다.

예문 배터리가 없어서 휴대 전화를 충전기에 (꽂았다).
가족 여행이 며칠 남았는지 손으로 (꼽아) 보았어.

동생은 늘 이렇게 말한다.
내 거야!

~거야

'~거야'는 '~것이야'를 일상 대화에서 편하게 말할 때 쓰는 말이에요. 그런데 '~거야'는 대화할 때 [~꺼야]로 소리 나는 경우가 많아요. 그래서 '~꺼야'로 쓸 때가 많지만 바른 표현은 '~거야'예요. '내 거야.', '내가 먹을 거야.'처럼 써요.

★ 할 거야, 먹을 거야, 입을 거야, 줄 거야, 갈 거야 (○)
★ 할 꺼야, 먹을 꺼야, 입을 꺼야, 줄 꺼야, 갈 꺼야 (X)

장난감은 내 (거야).
내 (거) 만지지 마!

뜨거운 햇볕에 그을려 얼굴이 따갑다.

7월 **30일**

햇볕 vs 햇빛

'햇볕'과 '햇빛'은 비슷하지만 의미가 달라요. 해가 내리쬐는 뜨거운 기운을 '햇볕'이라고 하고, 해의 빛을 '햇빛'이라고 해요. 다시 말해 우리가 피부로 느낄 수 있는 뜨거운 열기는 '햇볕', 눈으로 볼 수 있는 밝은 빛을 '햇빛'이라고 해요.

★ 햇볕 → 피부로 느껴지는 해의 뜨거운 기운.
★ 햇빛 → 눈으로 보이는 해의 밝은 빛.

예문 아스팔트가 (**햇볕**)을 받아 뜨거워졌다.
(**햇빛**)이 너무 강해서 눈이 부시다.

6월이 되니 금세 여름 날씨처럼 더워졌다.

6월 2일

'금세'는 '금시에'가 줄어든 말인데, '금시(今 이제 금, 時 때 시)'는 '지금'을 뜻해요. 그러니까 '금세'는 얼마 되지 않는 짧은 시간 안에란 뜻이에요. '요새(요사이)', '그새(그사이)', '밤새(밤사이)' 때문에 '금새'로 혼동할 수 있는데 잘 구별해야 해요.

★ 금시 + 에 → 금세 (○)
★ 금새 (X)

소문이 (금세) 온 학교에 퍼졌다.
봄인가 싶더니 (금세) 여름이 왔다.

바른 말을 찾아 징검다리를 건너가 보세요.

올바른 낱말을 골라 동그라미 하세요.

1.  (열심이 / 열심히) 공부해서 100점 맞을 거야!

2.  돌려줘! 내 (거야 / 꺼야).

3.  다리도 다 (나았으니 / 낳았으니) 열심히 달려야지.

심심할 때면 가끔 혼잣말을 하곤 한다.

7월 28일

말할 상대 없이도 혼자서 중얼중얼할 때가 있어요. 이런 것을 '혼잣말'이라고 해요. '혼자'와 '말'이 합쳐진 말인데, 두 말이 합쳐질 때 'ㄴ' 받침이 더해져 [혼잔말]로 소리 나요. 이 경우에 두 말 사이에 '사이시옷'을 넣어 '혼잣말'로 써야 해요.

★ 혼자 + 'ㅅ' + 말 → 혼잣말[혼잔말]

자다가 일어나 (**혼잣말**)로 잠꼬대하는 형이 무섭다.
먹고 싶은 것을 상상하며 (**혼잣말**)을 중얼중얼거렸다.

나는 과학 잡지를 **다달이** 받아 본다.

6월

4일

매월 또는 매달이라는 뜻의 낱말은 '다달이'예요. '다달이'는 '달 + 달 + 이'가 합쳐진 말인데, '달'과 '달'을 붙여 읽으면 'ㄹ'이 이어져 읽기가 불편해요. 그래서 자연스럽게 'ㄹ'이 하나 사라져서 '다달이'로 바뀐 것이에요.

★ 달 + 달 + 이 → 달달이 → 다달이 (○)

예문 ▶ (**다달이**) 나오는 책을 월간지라고 한다.
요즘 내 키가 (**다달이**) 자라는 것 같다.

해수욕장의 모래가 무척 부드럽다.

7월 27일

모래 vs 모레

'모래'와 '모레'는 자주 쓰는 말이지만 헷갈릴 때가 있어요. '모래'는 바다나 강가에서 볼 수 있는 작은 돌부스러기를 나타내요. '모레'는 내일의 다음 날을 나타내요. 해수욕장에서 맨발로 모래를 밟으면 무척 부드러워요.

★ 모래 → 사막에는 모래 섞인 바람이 분다.
★ 모레 → 내일이나 모레쯤에 할머니가 오셔.

예문 ▶ 일기예보를 보니 (모레)부터 비가 온대.
(모래) 위에 손가락으로 글씨를 썼다.

내 맞춤법 실력이 **나날이** 좋아진다.

6월 5일

'다달이'와 비슷한 형태의 말로 '나날이'가 있어요. '나날이'는 '날 + 날 + 이'가 합쳐진 말인데, 'ㄹ'이 이어져 읽기가 불편해서 자연스럽게 '나날이'로 바뀐 것이에요. 계속 이어지는 날들이라는 뜻인 '나날'에 '이'가 합쳐진 형태이기도 해요.

★ 날 + 날 + 이 → 날날이 → 나날이 (○)
★ 나날(계속 이어지는 날) + 이 → 나날이 (○)

예문 나무에 (**나날이**) 여름빛이 짙어진다.
인공 지능 기술이 (**나날이**) 발전하고 있다.

바닷가에 사람들이 정말 많다.

7월 26일

바닷가

'바다'와 '가'를 붙여서 읽으면 [바다가]가 아니라 [바다까]로 소리 나요. 순우리말끼리 합쳐져 낱말을 만들 때 원래 없던 된소리가 날 경우에 '사이시옷'을 넣어요. 그래서 바닷물과 땅이 닿는 곳이나 그 근처는 '바닷가'라고 써야 해요.

★ 바다(순우리말) + 'ㅅ' + 가(순우리말) → 바닷가[바다까]

예문
(**바닷가**)에서 조개 껍데기를 주웠다.
수영을 하러 (**바닷가**)로 갔다.

유월은 호국 보훈의 달이다.

6월
6일

6월에는 현충일도 있고, 6.25 전쟁이 일어난 달이기도 해요. 그래서 6월은 호국 보훈의 달이에요. 6월을 한글로 쓸 때는 '육월'이 아니라 '유월'이에요. '육 + 월'이 합쳐질 때 '육월[유궐]'에서 점차 읽기 편하게 '유월[유월]'로 바뀌었어요.

★ 유월 (○)
★ 육월 (X)

예문 (유월)은 여름이 시작되는 달이야.
(유월) 들어 가로수의 녹색이 짙어지고 있다.

캠핑장에서 소란 행위를 **삼가** 주세요.

삼가다

몸가짐이나 언행을 조심한다는 뜻으로 쓰이는 낱말은 '삼가다'예요. 그런데 흔히 '삼가하다'로 쓰는 경우가 많아요. 국어사전에 '삼가하다'라는 낱말은 없어요. 그러니 앞으로 '삼가하다'라는 표현은 삼가 주세요.

★ 삼가, 삼가니, 삼가면, 삼가고, 삼가 주세요 (○)
★ 삼가하니, 삼가하면, 삼가하고, 삼가해 주세요 (X)

예문

태풍이 불 때는 외출을 (**삼가**) 주세요.
지구를 위해 플라스틱 사용을 (**삼가**) 주세요.

돈을 자꾸 빌리면 빚만 커진다.

6월 7일

빚 vs 빗

남에게 갚아야 할 돈, 또는 갚아야 할 은혜를 뜻하는 말은 '빚'이에요. '빚을 졌다.', '마음의 빚이 있다.'처럼 써요. '빗'은 머리카락을 빗는 데 쓰는 도구를 말해요. 빗으로[비스로] 머리를 잘 빗고 다니고, 친구들에게 빚은[비즌] 지지 마세요.

★ 빚 → 그 친구에게 마음의 빚이 크다.
★ 빗 → 머리를 빗으로 빗어라.

예문
말 한 마디로 천 냥 (**빚**)을 갚는다.
누나는 날마다 (**빗**)으로 머리를 빗는다.

좋아하는 연예인의 사인을 받았다.

7월 **24일**

사인

자기만의 방법으로 자신의 이름을 적은 것을 '사인'이라고 해요. 말할 때 '싸인'이라고 하지만, 영어 'sign'을 우리말로 쓸 때는 '사인'으로 써야 맞아요. '사인'은 몸짓이나 눈짓으로 어떤 의사를 전달하는 일이라는 뜻도 있어요.

★ 사인 (O)
★ 싸인 (X)

예문

드디어 야구공에 선수 (**사인**)을 받았다.
그 사람이 얼른 숨으라는 (**사인**)을 보냈다.

나는 거짓말을 하면
자꾸 **딸꾹질**이 나온다.

6월　　　　　　　　　　　　　　　　　　　　**8일**

먹은 음식이 목에 걸렸거나, 깜짝 놀랐을 때 나오는 이상한 소리는 '딸꾹질'이 맞아요. 정확한 사전 풀이는 가로막의 경련으로 들이쉬는 숨이 방해를 받아 이상한 소리를 내는 증세예요. 지역에 따라 방언이 다르지만 '딸꾹질'만 표준어로 인정돼요.

★ 딸꾹질 (O)
★ 딸꼭질, 딱곡질, 딸깍질 (X)

예문 뭘 훔쳐 먹은 사람처럼 놀라 (**딸꾹질**)을 하니?
동생은 (**딸꾹질**)을 시작하면 멈추지 않는다.

이번 여름 방학에는 늦잠 자는 **횟수**를 줄일 거다.

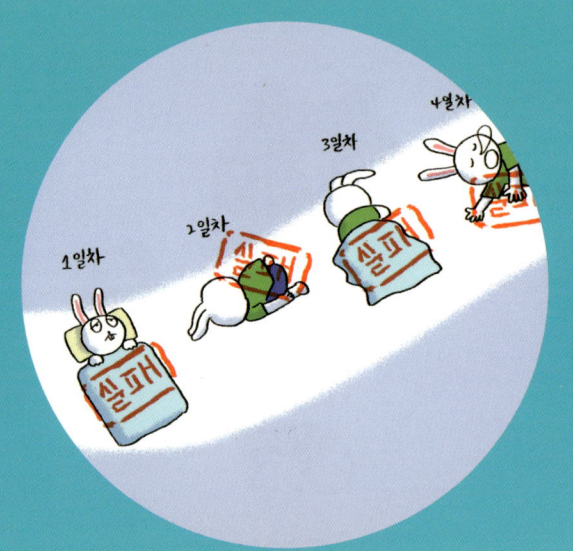

7월 **23일**

 한 번, 두 번, 세 번…. 돌아오는 차례의 수를 세는 말은 '횟수(回 돌아올 회, 數 셀 수)'예요. 맞춤법에는 한자어끼리 합쳐질 때 '사이시옷'을 덧붙이지 않는 것이 원칙이지만, '숫자', '곳간', '횟수' 등은 예외로 'ㅅ'을 넣어야 해요.

★ 횟수, 곳간, 셋방, 숫자, 찻간, 툇간 (O)
★ 회수 (X)

 방학을 하면 친구 만나는 (횟수)가 줄어들겠다.
더워도 건강을 위해 운동 (횟수)를 늘려야지.

일기 예보를 보니 오늘 낮부터 비가 온대.

6월 **9일**

-대 vs -데

'-대'와 '-데'가 헷갈릴 때가 많아요. '-대'는 다른 사람에게 들은 것을 전달하는 말로 '~한다고 해'가 들어갈 자리에 써요. '내일 비가 많이 온대(온다고 해).'처럼요. '-데'는 자신이 직접 경험한 사실을 말할 때 써요. '그 영화를 봤는데 재미있어.'처럼 써요.

★ -대 → 급식에 피자 나온대. / 선생님이 오신대? (들은 것을 전달)
★ -데 → 먹어 봤는데 맛있어. / 걸어오는데 더웠어. (자신의 경험)

예문 우리 학교에 연예인이 (온대).
나는 숙제를 (했는데) 민호는 (했대)?

여름 방학이 되니 별의별 것이 다 하고 싶다.

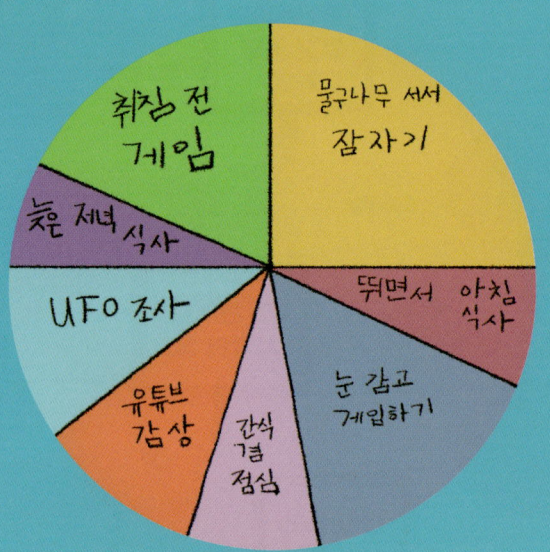

7월 21일

별의별

방학하면 하고 싶은 것이 정말 많아요. 별의별 것이 다 생각이 나죠. 이때 '별의별'은 보통과는 다른 갖가지라는 뜻이에요. 읽을 때는 [벼레별] 또는 [벼릐별]로 읽어요. '별에별', '벼라별', '벼레별'은 틀린 말이에요.

★ 별의별 (○)
★ 별에별, 벼라별, 벼레별 (X)

예문 ▶ 여행을 하다 보면 (**별의별**) 사람을 다 만난다.
전통 시장에는 (**별의별**) 물건이 다 있다.

아빠가 내 손을 **지그시** 잡았다.

6월 **11일**

지그시 vs 지긋이

'지그시'는 슬며시 힘을 주는 모양이나, 고통을 조용히 참고 견디는 모양을 뜻해요. '지긋이'는 나이가 비교적 많아 듬직하게, 느긋하고 참을성 있게란 뜻이에요.

★ 지그시 ┌ 아픔을 지그시 참는다.
         └ 지그시 발을 밟는다.
★ 지긋이 ┌ 지긋이 앉아 기다린다.
         └ 지긋이 나이가 들었다.

예문 ▷ 몇 시간째 (**지긋이**) 앉아서 공부했다.

친구에게 사과하려고 손을 (**지그시**) 잡았다.

친구와 싸워서 선생님께 **혼꾸멍**이 났다.

7월

20일

혼꾸멍

'혼나다'는 호되게 꾸지람을 들어 혼이 나갈 정도라는 뜻이에요. 비슷한 말로 '혼꾸멍나다'가 있어요. 혼이 구멍 날만큼 매우 심하게 꾸지람을 듣는다는 말이에요. '혼구멍'이라고도 하는데, [혼꾸멍] 발음대로 표준어가 되어 '혼꾸멍'이 맞아요.

★ 혼꾸멍 (○)
★ 혼구멍, 혼꾸녕, 혼구녕 (X)

예문

나쁜 버릇을 고치려면 (**혼꾸멍**)을 내야 해.
위험한 장난을 하다가 (**혼꾸멍**)이 났다.

길었던 연필이 어느새 **몽당연필**이 되었다.

6월 **12일**

몽당연필
'몽땅하다'라는 말이 있는데 작게 잘리거나 끊어진 것처럼 짤막하다는 뜻이에요. '몽땅하다' 때문에 많이 써서 짧아진 연필을 '몽땅연필'로 잘못 알 수 있지만 '몽당연필'이 맞아요. 그러니까, 몽땅하게 짧아진 연필을 몽당연필이라고 해요.

★ 몽당연필 (O)
★ 몽땅연필 (X)

 옛날에는 (**몽당연필**)을 볼펜 대에 끼워 썼다고 해.
아끼는 것도 좋지만 (**몽당연필**)은 버려라.

내 동생은 **천생** 장난꾸러기이다.

7월 **19일**

천생

태어날 때부터 타고난 특성, 이미 정해진 것처럼 어쩔 수 없이 등을 뜻하는 낱말은 '천생(天 하늘 천, 生 날 생)'이에요. '하는 짓이 천생 장난꾸러기야.'는 원래부터 장난이 심했다는 뜻이에요. '천상'이라고도 하지만 '천생'으로만 써야 맞아요.

★ 천생 (O)
★ 천상 (X)

 **예문**
저 배우는 (**천생**) 연예인이야.
우리 선생님은 아이들에게 늘 따뜻하게 대하시는 (**천생**) 선생님이셔.

산에서 낭떠러지 옆을 지날 때는 무서웠다.

6월 13일

산이나 언덕에서 깎아지른 듯이 급하게 솟거나 비탈진 곳을 '낭떠러지'라고 해요. 절벽을 뜻하는 옛말인 '낭'과 '떠러지'가 합쳐진 말인데, 말 그대로 떨어질 것 같은 절벽이란 뜻이에요. '낭떨어지'라고 쓰지 않도록 주의하세요.

★ 낭(절벽) + 떠러지 → 낭떠러지 (○)
★ 낭떨어지 (X)

(낭떠러지) 아래로 자동차가 떨어졌다는 뉴스가 나왔다.
위험한 (낭떠러지) 근처에서 놀면 안 된다.

엄마가 비스킷을 맛있게 구워 주셨다.

7월 18일

비스킷

우리가 간식으로 많이 먹는 과자는 '비스켓'과 '비스킷' 중 무엇일까요? 밀가루에 설탕과 버터, 우유 등을 섞어 구운 과자는 '비스킷(biscuit)'이 맞아요. '비스켓', '비스켙', '비스케트' 등은 모두 올바른 맞춤법이 아니에요.

★ 비스킷 (O)
★ 비스켓, 비스켙, 비스케트 (X)

예문 ▶ (비스킷)은 우유랑 먹으면 맛있어.
선물 상자 속에는 다양한 (비스킷)이 들어 있었다.

갑자기 소나기가 **세게** 떨어졌다.

6월　**14일**

세다 vs 새다

'세다'와 '새다'는 여러 뜻이 있어요. '세다'는 힘이나 기운이 보통을 넘어 많다 또는 수를 하나씩 헤아리다 등의 뜻이 있어요. '새다'는 틈이나 구멍으로 조금씩 빠져 나오다 또는 밤이 다 지나다 등의 뜻이 있어요.

★ 세다 → 힘이 세다. / 숫자를 세다.
★ 새다 → 물통에 물이 새다. / 밤을 꼬박 새다.

예문
우리 아빠는 팔 힘이 정말 (**세다**).
천둥소리가 너무 시끄러워 밤을 꼬박 (**샜다**).

제헌절은 우리나라 헌법이 만들어진 날이다.

7월 17일

우리나라

'우리나라'는 대한민국을 이르는 말이에요. 그런데 상대에게 예의를 갖추려고 '저희 나라'라고 하면 안 돼요. '저희'는 '우리'를 낮추어 말하는 것인데, 모든 나라와 민족은 동등하기 때문에 우리나라를 굳이 낮추어 말할 필요는 없어요.

★ 우리나라 (O)
★ 저희 나라 (X)

예문

(**우리나라**)의 여름은 덥고 습해요.
독도는 (**우리나라**)의 영토입니다.

학교 끝나고
떡볶이 먹으러 가자.

6월 15일

-러 vs -로

떡볶이는 '먹으러' 갈까요, '먹으로' 갈까요? '-러'와 '-로'의 구분이 어려울 때가 있어요. '-러'는 어떤 동작의 목적을 나타낼 때 써요. '먹으러 간다.'처럼요. '-로'는 장소나 위치가 목적일 때 써요. '학교로 간다.'처럼 써요.

★ -러 → 먹으러 간다. / 입으러 간다. (먹거나 입는 동작이 목적)
★ -로 → 집으로 간다. / 바다로 간다. (집, 바다의 장소가 목적)

예문
이번 여름에는 바다(**로**) 가자!
문구점에 준비물을 사(**러**) 가자.

너무 억울해서 게거품을 물고 소리쳤다.

7월 16일

몹시 괴롭거나 흥분했을 때 입에서 나오는 거품 같은 침을 '게거품'이라고 해요. 바닷가에서 거품을 뿜어내는 게를 본 적이 있나요? 사람이 침을 튀기며 화내는 모습이 이와 닮아서 '게거품'이라고 해요. '개거품'이라고 하면 강아지들이 억울하겠죠?

★ 게거품 (○)
★ 개거품 (X)

예문 토론자들이 (게거품)을 물며 자신의 주장을 펼쳤다.
살아 있는 게가 (게거품)을 뿜고 있다.

장난감 블록 쌓기는 재미있다.

6월 16일

블록

쌓아 올리도록 만든 장난감, 도시의 큰 거리를 일정한 경계에 따라 정한 구역, 시멘트나 돌 등으로 네모지게 만든 덩어리를 가리키는 말은 '블록'이에요. 영어 'block'을 '블럭'이라고 많이 쓰지만 정확한 표현은 '블록'이 맞아요.

★ 블록 (O)
★ 블럭 (X)

예문

횡단보도 앞에는 시각 장애인용 보도(**블록**)이 깔려 있다.
우리 집은 학교에서 길 건너 다음 (**블록**)에 있다.

올바른 낱말을 골라 동그라미 하세요.

1.  용돈을 (허투로 / 허투루) 쓰지 말고 아껴야 해.

2.  아이들이 지쳐서 (널부러져 / 널브러져) 있다.

3.  (째째하게 / 쩨쩨하게) 과자 하나도 못 줘?

친구끼리
쩨쩨하게 그러지 마.

7월 14일

쩨쩨하다

별로 중요하지도 않은 일로 쩨쩨하게 따지는 친구가 있죠? 너무 적거나 하찮아서 시시하다 또는 아끼는 게 지나치다 등의 뜻으로 쓰는 말은 '쩨쩨하다'예요. '째째하다'는 틀린 말이에요. 맞춤법을 너무 쩨쩨하게 따진다고요?

★ 쩨쩨하다 (O)
★ 째째하다 (X)

예문

사탕 하나 가지고 너무 (**쩨쩨하게**) 따지는 거 아니야?
할인한다고 해 놓고 (**쩨쩨하게**) 10원이 뭐니?

학급 게시판에 내 그림이 전시되었다.

6월 18일

게시판

'게시판'은 여러 사람에게 알릴 내용을 붙이는 판을 뜻해요. 요즘은 인터넷상에서 여러 사람에게 알리는 글을 쓰는 공간도 '게시판'이라고 해요. '개시판' 또는 '계시판'은 맞춤법에 어긋난 표현이고, '게시판'이 맞아요.

★ 게시판 (O)
★ 개시판, 계시판 (X)

예문

학급 (**게시판**)에 과제를 올려야 해.
자세한 안내는 (**게시판**)을 확인해 주세요.

병원에 가서 링거를 맞고 나니 나아졌다.

7월 13일

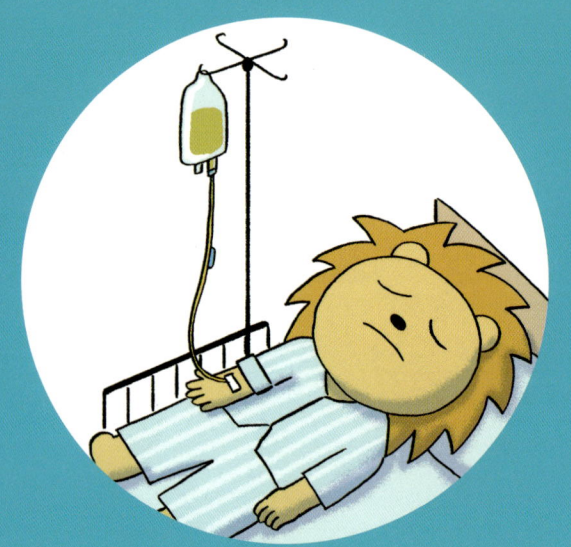

링거

병원에 가면 팔에 주삿바늘을 꽂고 수액을 맞아요. 이때 수액을 영어로 'Ringer'라고 하고, 우리말로는 '링거'예요. '링겔', '링게르'라고도 하는데, 다 틀린 말이에요. 이 약을 처음으로 만든 영국 의학자 이름에서 따온 말이에요.

★ 링거 (O)
★ 링겔, 링게르 (X)

예문

간호사 선생님이 (**링거**) 병을 갈아 주셨다.
응급실에서 (**링거**) 바늘을 팔에 꽂고 있었다.

학교에 아이들을 위한 휴게실이 생겼다.

6월 19일

휴게실

잠시 머물면서 쉴 수 있게 마련된 방은 '휴게실'이에요. 休(쉴 휴), 憩(쉴 게), 室(집 실). 한자 그대로 풀이하면 '쉬는 집'이에요. '휴게실'을 '휴개실' 또는 '휴계실'로 잘못 쓰기도 하는데, '휴게실'만 맞는 말이에요.

★ 휴게실 (○)
★ 휴개실, 휴계실 (X)

도서관 (휴게실)에는 매점이 있다.
(휴게실)에 친구들이 많이 와 있었다.

더위에 지쳐 아이들이 **널브러져** 있다.

7월 **12일**

널브러지다

너저분하게 흐트러지거나 몸에 힘이 빠져 늘어진 상태를 나타낼 때는 '널브러지다'라고 해요. '널부러지다'라고도 하지만 맞춤법에는 더 많은 사람이 사용하는 말인 '널브러지다'만 표준어로 인정해요. 비슷한 말로 '너부러지다'도 있어요.

★ 널브러지다, 너부러지다 (O)
★ 널부러지다, 너브러지다 (X)

예문 ▶ 방바닥에 (**널브러진**) 옷을 치워라.
창고에 잡동사니들이 (**널브러져**) 있었다.

잠자는 동생의 발바닥을 간질였다.

6월 20일

간질이다

누가 내 발바닥을 건드리면 무척 간지러워요. 살갗을 문지르거나 건드려 간지럽게 하는 행동을 '간질이다'라고 해요. 문장에서는 간질여, 간질여서, 간질이니, 간질이고처럼 써요. '간지리다'는 표준어가 아니에요.

★ 간질이다 (○)
★ 간지리다 (X)

강아지풀로 코를 살살 (간질여) 주었다.
우리 누나 손등을 (간질여) 주어라.

헤어진 친구가 보고 싶다.

7월 11일

헤어지다 vs 해어지다

두 말은 점 하나 차이지만 뜻은 완전히 달라요. '헤어지다'는 모였던 사람이 흩어지거나 사귀던 사람이 갈라섰다는 뜻이에요. '너랑 헤어지니 아쉬워.'처럼 써요. '해어지다'는 물건이 낡아서 닳아졌다는 뜻이에요. '신발이 다 해어졌다.'처럼 써요.

★ 헤어지다 → 사람이 흩어지거나 갈라서다.
★ 해어지다 → 낡아서 닳아지다.

예문
너랑 (헤어지기) 싫어.
옷이 다 (해어져서) 버려야겠다.

나는 집으로 왔다.
그러고 나서 몸을 씻었다.

6월 21일

'그러고 나서'는 앞에서 한 어떤 행동이 끝나고 난 뒤라는 뜻이에요. '그러다'에 '-고 나서'가 결합한 형태인데, 비슷한 표현으로 '먹고 나서, 자고 나서, 말하고 나서' 등이 있어요. '그리고 나서'는 틀린 표현이니 쓰지 마세요.

★ 그러다(그렇게 하다) + -고 나서 → 그러고 나서 (O)
★ 그리고 나서 (X)

냉장고에서 이것저것 반찬을 꺼냈다. (그러고 나서) 그릇에 밥을 퍼서 맛있게 먹었다.

용돈을 허투루 쓰면 안 된다.

7월 10일

허투루

아무렇게나 되는 대로라는 뜻으로 쓰이는 말은 '허투루'예요. '대충', '성의 없이', '부주의하게' 등과 비슷한 뜻이에요. '허투루'를 '허투로'로 잘못 알고 있는 사람들이 있는데 이는 틀린 말이에요. 맞춤법을 허투루 사용하면 안 되겠죠?

★ 허투루 (O)
★ 허투로 (X)

 **예문**

할머니는 종이 한 장도 (**허투루**) 쓰지 않으신다.
시험공부를 너무 (**허투루**) 해서 기억에 남는 게 없다.

소나기가 내린 뒤 나무 이파리가 싱그러워 보인다.

6월 22일

이파리

나무나 풀의 살아 있는 잎은 '이파리'일까요, '잎파리'일까요? '잎'이나 '나뭇잎'을 떠올려서 '잎파리' 또는 '잎아리'라고 쓰는 경우가 많은데 모두 틀렸어요. 올바른 표현은 '이파리'예요. '이파리'를 '잎파리'로 쓰지 않도록 해요.

★ 잎 + 아리 → 이파리 (○)
★ 잎아리, 잎파리 (X)

예문 가로수 (**이파리**)가 바람에 흔들렸다.
여름이 되니 나무마다 초록 (**이파리**)가 무성하게 우거졌다.

저 배우는 자기 역할을 멋지게 연기했다.

7월 9일

역할

연극에서 주인공 '역할'을 맡은 걸까요, '역활'을 맡은 걸까요? 자기가 마땅히 해야 할 임무 또는 영화나 연극에서 배우가 맡은 일은 '역할'이에요. '역활'은 '역할'의 잘못된 표기예요. 여러분은 각자 맡은 역할을 열심히 하고 있겠죠?

★ 역할 (○)
★ 역활 (X)

 학급 반장으로서의 (**역할**)을 충실히 해야 한다.
이번 연극에서 나그네 (**역할**)을 맡았어.

오늘 낮 기온이 자그마치 36도나 된다.

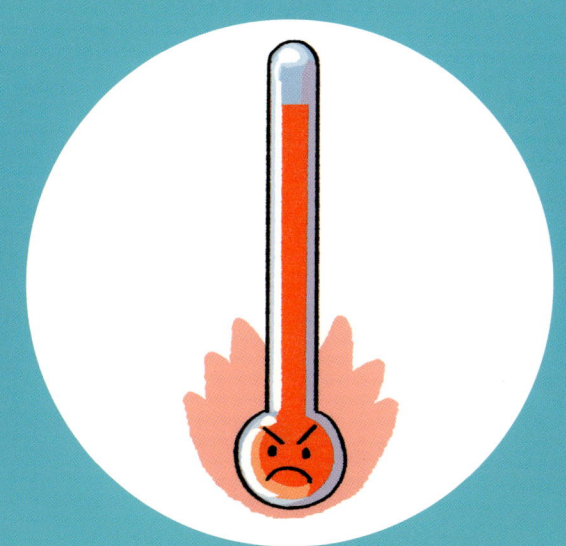

6월 23일

자그마치

예상보다 훨씬 더 많다는 뜻으로 '자그마치'라는 말이 있어요. '할머니는 자그마치 형제가 아홉 명이야.'처럼 써요. 그런데 이 말을 '자그만치'라고 쓰면 틀려요. 또 '자그마큼', '자그마니', '자구만큼' 등은 방언이라 표준어로 인정되지 않아요.

★ 자그마치 (O)
★ 자그만치, 자그마니, 자그마큼, 자구만큼 (X)

예문 혼자서 고기를 (**자그마치**) 5인분이나 먹었다.
내일부터 (**자그마치**) 일주일 연속으로 비가 온대.

빈칸에 들어갈 알맞은 말을 <보기>에서 골라 쓰세요.

보기: 너머, 널찍한, 곁땀, 넘어, 넓직한, 겨땀

1.  (　　) 그늘 아래에 쉬는 아이들이 많다.

2. 이 산을 (　　)가면 바다로 갈 수 있어.

3.  (　　)이 나도록 열심히 달렸다.

다음 문장에서 밑줄 친 부분이 맞으면 O, 틀리면 X 하세요.

6월 24일

1.  제발 나를 <u>간질이지</u> 마.

2. 식목일에 심었던 나무에 <u>이파리</u>가 크게 자랐다.

3.  <u>휴계실</u>에서 친구와 책을 읽었다.

정답 ① O ② O ③ X

저 산 너머에 바다가 있어.

7월 7일

너머 vs 넘어

'너머'는 산이나 담장같이 높은 것의 저쪽을 뜻해요. '넘어'는 '넘다'에서 온 말로, 높은 데를 뛰어넘는다는 뜻이에요. 비슷해 보이지만 '너머'는 어떤 것의 뒤에 있는 공간을 나타내고, '넘어'는 실제로 그것을 넘어가는 행동이 포함된 뜻이에요.

★ 너머 → 고개 너머 마을이 있다. (고개 뒤의 공간)
★ 넘어 → 해 지기 전에 저 고개를 넘어야 한다. (넘어가는 행동)

예문 ▶ 붉은 해가 언덕 (**너머**)로 졌다.
도둑이 담장을 (**넘어**)갔다.

갑자기 내린 소나기가 더위를 **식혀** 주었다.

6월 **25일**

식히다 vs 시키다

'식히다'는 더운 기운을 없앤다는 뜻이에요. '시키다'는 어떤 일을 하게 하다 또는 음식을 주문한다는 뜻으로 써요. 두 말의 소리는 같지만 다른 낱말이므로 잘 가려서 써야 해요.

★ 식히다 → 더위를 식히다. / 국물을 식히다.
★ 시키다 → 공부를 시키다. / 짜장면을 시키다.

예문
국이 뜨거워서 (**식혀서**) 먹어야겠다.
엄마가 심부름을 (**시켜서**) 지금 가야 해.

더위를 먹었는지 얼굴이 **핼쑥**하다.

7월 6일

흔히 얼굴에 생기가 없거나 비쩍 말라 아파 보이는 사람들에게 '핼쑥하다'라고 말해요. '핼쑥하다'와 비슷한 뜻으로 '해쑥하다'가 있는데, 이 말 때문에 '핼쓱하다'라고 헷갈릴 수 있지만 이것은 틀린 표현이에요. '핼쑥하다'로 바르게 쓰세요.

★ 핼쑥하다, 해쑥하다 (○)
★ 핼쓱하다 (X)

 며칠 앓았더니 얼굴이 (핼쑥해졌다).
어디 아픈 것처럼 낯빛이 (핼쑥해).

잘못도 없는 애먼 사람 핑계 대지 마라.

6월 26일

애먼 vs 엄한

'애먼'은 일이나 결과가 억울하거나 엉뚱하게 느껴지는 상황을 뜻해요. 그런데 '애먼 사람' 대신 '엄한 사람'으로 쓸 때가 많아요. '엄한'은 규칙이 엄격하여 무섭다는 뜻이에요. 그러니 애먼 사람을 무서운 사람으로 만들지 마세요.

★ 애먼 → 애먼 사람에게 덤터기를 씌웠어.
★ 엄한 → 그 학교 선생님들은 무척 엄하기로 소문이 났다.

(애먼) 날씨 탓하지 말고 공부나 해라.
(엄한) 엄마에게 혼나고 (애먼) 동생한테 분풀이한다.

운동장을 뛰었더니 곁땀이 났다.

7월 5일

흔히 겨드랑이에서 나는 땀을 '겨땀'으로 많이 쓰는데 이것은 틀린 말이에요. 표준어는 '곁땀'이에요. 이는 겨드랑이의 옛말인 '곁'에서 왔다는 설이 있어요. 곁땀이 많다고 절대로 누군가를 놀리듯이 말하면 안 되겠죠?

★ 곁(겨드랑이의 옛 말) + 땀 → 곁땀 (○)
★ 겨땀 (X)

예문 ▶ 더운 날 옷에 (**곁땀**)이 묻어 민망하다.
너무 더워서 (**곁땀**)이 났다.

하굣길에 비가 오는데 우산이 없어서 어떡해?

6월 27일

어떡해 vs 어떻게

'어떡해'는 '어떻게 해'의 줄임말인데 보통 문장의 끝에 와요. '어떻게'는 어떤 방법이나 이유로 등의 뜻으로 쓰이며, 문장 중간에서 뒤의 말을 꾸며 주는 말이에요. 헷갈릴 때는 '어떻게 해'라고 바꿔 보고 어색하지 않으면 '어떡해'를 쓰세요.

★ 어떡해(어떻게 해) → 준비물을 안 가져와서 어떡해?
★ 어떻게 → 요즘 어떻게 지냈니?

예문
이 문제를 (**어떻게**) 풀면 좋을까?
그렇다고 나한테 화를 내면 (**어떡해**)?

문제에 알맞은 답을 적으세요.

7월 4일

문제) 우리 집에서 제일 잘생긴 사람은?

정답:

알맞은

'알맞다'는 대상의 상태를 나타내는 형용사인데, 형용사는 문장에서 '-은'으로 형태가 바뀌어요. '넓다 → 넓은', '높다 → 높은'처럼요. 흔히 쓰는 '알맞는'은 틀린 표현이에요. 한편, 움직임을 나타내는 동사는 문장에서 '-는'으로 바뀌어요. '달리다 → 달리는', '뛰다 → 뛰는'처럼요.

★ -은(형용사) → 알맞은 / 짧은
★ -는(동사) → 보는 / 자는 / 먹는

예문 ▶ 토론 주제에 (**알맞은**) 의견을 말하세요.
오늘은 밖에서 놀기 (**알맞은**) 날씨야.

장마철이라 계속 옷이 젖어 있다.

6월 28일

젖다 vs 젓다

'젖다'는 물이 배어 축축하게 된다는 뜻이에요. 문장에서 젖고, 젖어, 젖으면 등으로 활용해요. '젓다'는 손이나 기구를 이리저리 돌린다, 싫다는 표시로 손이나 머리를 흔든다 등의 뜻이 있어요. 문장에서 젓고, 저어, 저으면 등으로 활용해요.

★ 젖다 → 옷이 젖다. / 습관에 젖다. / 노을빛에 젖은 하늘.
★ 젓다 → 우유를 젓다. / 노를 젓다. / 고개를 젓다.

 예문

신발이 축축하게 (**젖었다**).
아이스티 가루를 잘 (**저어**) 줘.

장맛비가 너무 많이 와서 **천장**에서 물이 떨어진다.

7월 3일

천장

'천장'은 지붕의 안쪽, 건물 상층의 바닥을 가리기 위해 설치한 덮개를 말해요. 쉽게 말해 집이나 건물 내부에서 바닥의 반대쪽 면이에요. '천정'이라고 쓰는 사람도 있는데, 보다 더 널리 쓰이는 말인 '천장'만 표준어로 인정해요.

★ 천장 (O)
★ 천정 (X)

예문 키가 아주 많이 자라서 (천장)에 닿으면 좋겠다.
내 방 (천장)에는 야광 별 스티커가 반짝인다.

내 친구는 주야장천 게임만 하다가 혼났다.

6월 29일

주야장천

비슷한 상황에서 '주구장창'이라는 말을 많이 하는데 이 말은 틀린 말이에요. 바른말은 '주야장천'이에요. 晝(낮 주), 夜(밤 야), 長(길 장), 川(내 천). 한자 뜻을 풀이하면 밤낮으로 쉬지 않고 흐르는 길고 긴 냇물처럼 계속 무엇을 한다는 뜻이에요.

★ 주야장천 (O)
★ 주구장창, 주야장창 (X)

 **예문**

(**주야장천**) 공부만 하고 살 수는 없어.
내 친구는 (**주야장천**) 책 읽기에 빠져 있다.

나무는 우리에게 널찍한 그늘을 주었다.

7월 2일

널찍하다

공간이 꽤 넓다는 뜻의 낱말은 '널찍하다'예요. '넓다'를 생각해서 '넓직하다'로 헷갈릴 수 있지만 올바른 맞춤법은 '널찍하다'예요. 비슷한 뜻으로 '널따랗다(널따란)'도 있어요. 하지만 '넓적하다'는 'ㄼ' 받침 그대로 써야 해요.

★ 널찍하다, 널따랗다, 넓적하다 (O)
★ 넓직하다, 널쩍하다 (X)

예문

(**널찍한**) 마당에 강아지가 뛰어논다.
여름에는 (**널따란**) 수영장에 들어가고 싶다.

나는 치사하게 커닝하지 않고 당당히 틀리겠다.

6월 30일

시험을 볼 때 모르는 문제를 몰래 훔쳐보는 일을 '커닝'이라고 해요. 영어로 'cunning'은 교묘한, 잔꾀 등의 뜻인데, 우리말로 적을 때는 '컨닝'이 아니라 '커닝'으로 적어요. 외래어 '커닝' 대신 '부정행위'라고 써도 돼요.

★ 커닝 (O)
★ 컨닝, 컷닝 (X)

(커닝)을 하지 말고 양심을 지켜야지.
시험 칠 때면 (커닝)을 하려고 눈알 굴리는 사람이 있다.

빈칸에 들어갈 알맞은 말을 찾아 선으로 이으세요.

7월 1일

1. 뜨거우니까 ( ) 먹어야 해.

2. 그림을 ( ) 그리면 좋을까?

3. 잘못을 했으면 사과해야지, ( ) 사람한테 누명을 씌워?

- 식혀
- 시켜
- 어떡해
- 어떻게
- 애먼
- 엄한

정답 ① 식혀 ② 어떻게 ③ 애먼